Este libro reúne todos los temas esenciales de Matemáticas de Bachillerato, presentados de forma clara y resumida **en solo una página por tema**. Su formato conciso facilita localizar rápidamente las fórmulas, conceptos y relaciones fundamentales, convirtiéndolo en una herramienta ideal para el **repaso eficaz**, la **preparación de exámenes** y el estudio dirigido hacia la **EBAU**. Aunque está orientado principalmente a Bachillerato, también resulta muy útil para estudiantes de **4º de ESO** que deseen reforzar y afianzar sus conocimientos científicos. Su objetivo es ayudarte a estudiar de manera más cómoda, visual y directa, proporcionándote una guía de consulta rápida y bien estructurada.

Si encuentras cualquier error o errata en este libro, o deseas enviar sugerencias y comentarios para mejorarlo, puedes contactar conmigo en formulariosbachillerato@gmail.com. Agradezco mucho tu colaboración para seguir perfeccionando este material y hacerlo cada día más útil.

Contenido

Conjuntos numéricos

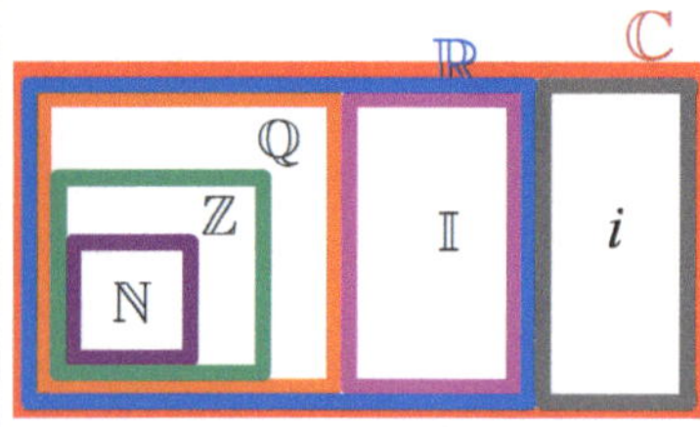

$\mathbb{N}$: Números naturales
$\mathbb{Z}$: Números enteros
$\mathbb{Q}$: Números racionales
$\mathbb{I}$: Números irracionales
$\mathbb{R}$: Números reales
i: Números imaginarios
$\mathbb{C}$: Números complejos

Fracción generatriz

Decimal exacto: Dividir el número sin coma por un 1 seguido de tantos ceros como cifras decimales:

$$2,25 = \frac{225}{100} = \frac{9}{4}$$

Decimal periódico puro: Se divide la resta del número sin la coma menos la parte no periódica, entre tantos 9 como cifras tiene el periodo. Ej.:

$$2,\widehat{45} = \frac{245-2}{99} = \frac{243}{99} = \frac{27}{11}$$

Decimal periódico mixto: Se divide la resta del número sin la coma menos la parte no periódica, entre tantos 9 como cifras tiene el periodo seguidos de tantos ceros como decimales no periódicos. Ej.:

$$6,3\widehat{45} = \frac{6345-63}{990} = \frac{6282}{990} = \frac{349}{55}$$

Representación en la recta real

Fracción propia: (numerador < denominador). Se divide la primera unidad en tantas partes como el valor del denominador, por el método de Tales:
Ej.:

$$\frac{3}{5} \Rightarrow$$

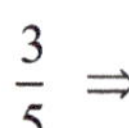

Fracción impropia: (numerador > denominador). Se pone como fracción mixta, parte entera + parte fraccionaria como fracción propia. Dibujamos la fracción, como en el caso anterior, a partir de la unidad que indica la parte entera. Ej.:

$$-\frac{8}{3} = -\left(2 + \frac{2}{3}\right) = -2 - \frac{2}{3} \Rightarrow$$

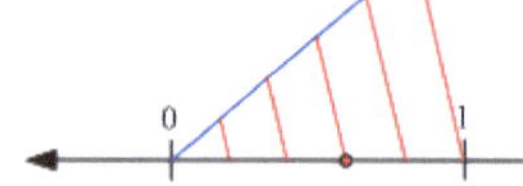

Raíces cuadradas: La raíz que queremos representar será la hipotenusa de un triángulo rectángulo, $h = \sqrt{a^2 + b^2}$ de catetos a y b. Descomponemos el radicando en la suma de dos cuadrados, y la hipotenusa la llevamos a la recta real con ayuda del compás Ej.:

$$\sqrt{5} = \sqrt{2^2 + 1^2} \Rightarrow$$

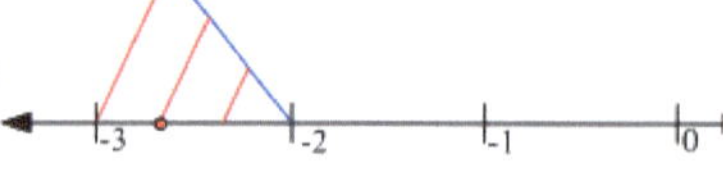

Valor absoluto

Es el valor sin signo de un número. Ejemplos:

$$|-4| = 4; \quad |4| = 4$$
$$|x| = 2 \quad \Rightarrow \quad x = -2; x = 2$$
$$|x| < 2 \Rightarrow -2 < x < 2 \quad x \in (-2, 2)$$
$$|x| > 2 \Rightarrow (x < -2) \vee (x > 2) \quad x \in (-\infty, -2) \cup (2, \infty)$$
$$|x-2| < 5 \Rightarrow -5 < x - 2 < 5 \quad x \in (-3, 7)$$

Funciones con valor absoluto: Se transforma en funciones definidas a trozos: hallamos las raíces de la expresión dentro del valor absoluto, y su cuadro de signos. Los intervalos de signo negativo del término valor absoluto se multiplican por -1. Ej.:

$$f(x) = 3x + |x^2 - 4| \Rightarrow x^2 - 4 = 0 \Rightarrow x = -2; x = 2$$

$$f(x) = \begin{cases} 3x + (x^2 - 4) & si & x \leq -2 \\ 3x - (x^2 - 4) & si & -2 < x < 2 \\ 3x + (x^2 - 4) & si & x \geq 2 \end{cases}$$

Intervalos y semirrectas

Intervalo abierto: los extremos no pertenecen al conjunto
$(1,3) \Rightarrow 1 < x < 3 \Rightarrow$

Intervalo cerrado: los extremos sí pertenecen al conjunto
$[1,3] \Rightarrow 1 \leq x \leq 3 \Rightarrow$

Intervalo semiabierto (o semicerrado):
$(1,3] \Rightarrow 1 < x \leq 3 \Rightarrow$

Semirrectas: es un intervalo donde uno de los extremos no tiene límite (es infinito)
$(1, \infty) \Rightarrow x > 1 \Rightarrow$
$[1, \infty) \Rightarrow x \geq 1 \Rightarrow$

Errores

Error absoluto E_A: valor absoluto de la diferencia entre el valor real, V_R, y el valor medido (o aproximado), V_A:

$$E_A = |V_R - V_A|$$

Error relativo E_R: tanto por uno de error cometido en la medida

$$E_R = \frac{E_A}{|V_R|}$$

Notación científica

Escribir el número con una cifra entera distinta de cero, el resto de cifras significativas como decimales, multiplicado por una potencia de 10. Ej.: $125000 = 1,25 \cdot 10^5$

Suma en notación científica: se deben igualar los exponentes de 10. Ej. :

$$1.25 \cdot 10^5 + 2.5 \cdot 10^4 = 1.25 \cdot 10^5 + 0.25 \cdot 10^5 = 1.5 \cdot 10^5$$

Multiplicación y división:

$$1,25 \cdot 10^5 \cdot 2,5 \cdot 10^4 = 3,125 \cdot 10^9 \qquad \frac{1,25 \cdot 10^7}{2,5 \cdot 10^4} = 0,5 \cdot 10^3 = 5 \cdot 10^2$$

Potencias

Propiedades de las potencias

Propiedad	Ejemplo
$1^n = 1$	$1^3 = 1$
$a^1 = a$	$2^1 = 2$
$a^0 = 1$	$2^0 = 1$
$a^n \cdot a^m = a^{n+m}$	$2^3 \cdot 2^5 = 2^8$
$\left(a^n\right)^m = a^{n \cdot m}$	$\left(2^3\right)^5 = 2^{15}$
$a^{n^m} = a^{\left(n^m\right)}$	$2^{3^2} = 2^{\left(3^2\right)} = 2^9$
$a^{-n} = \dfrac{1}{a^n}$	$2^{-3} = \dfrac{1}{2^3}$
$\dfrac{a^n}{a^m} = a^{n-m}$	$\dfrac{2^5}{2^3} = 2^2$
$\left(\dfrac{a}{b}\right)^n = \dfrac{a^n}{b^n}$	$\left(\dfrac{2}{3}\right)^5 = \dfrac{2^5}{3^5}$
$\left(\dfrac{a}{b}\right)^{-n} = \left(\dfrac{b}{a}\right)^n$	$\left(\dfrac{2}{3}\right)^{-5} = \left(\dfrac{3}{2}\right)^5$

Radicales

Propiedades de los radicales

Propiedad	Ejemplo
1. $\sqrt[n]{a \cdot b} = \sqrt[n]{a} \cdot \sqrt[n]{b}$	$\sqrt{6} = \sqrt{2} \cdot \sqrt{3}$
2. $\sqrt[n]{\dfrac{a}{b}} = \dfrac{\sqrt[n]{a}}{\sqrt[n]{b}}$	$\sqrt[3]{\dfrac{2}{3}} = \dfrac{\sqrt[3]{2}}{\sqrt[3]{3}}$
3. $\left(\sqrt[n]{a}\right)^m = \sqrt[n]{a^m}$	$\left(\sqrt[3]{3}\right)^4 = \sqrt[3]{3^4}$
4. $\sqrt[n]{\sqrt[m]{a}} = \sqrt[n \cdot m]{a}$	$\sqrt{\sqrt[3]{5}} = \sqrt[6]{5}$
5. $\sqrt[n]{a^m} = \sqrt[n \cdot k]{a^{m \cdot k}}$	$\sqrt{5^3} = \sqrt[4]{5^6}$
6. $\sqrt[n]{a^m} = a^{\frac{m}{n}}$	$\sqrt[3]{5^2} = 5^{\frac{2}{3}}$

Signo de un radical:
- Si el índice es impar, el radical tiene el mismo signo que el radicando:
$$\sqrt[3]{-8} = -\sqrt[3]{8} = -2 \qquad \sqrt[3]{8} = \sqrt[3]{8} = 2$$
- Si el índice es par y el radicando es positivo, tenemos dos soluciones; positiva y negativa.
$$\sqrt[4]{16} = \pm 2$$
- Si el índice es par y el radicando es negativo, no hay solución en el conjunto de los reales.
$$\sqrt{-16} \notin \mathbb{R}$$

Operaciones con radicales

Extracción de factores de un radical: Es necesario descomponer en factores primos el radicando. Ej.:
$$\sqrt[3]{648.000} = \sqrt[3]{2^6 \cdot 3^4 \cdot 5^3} = 2^2 \cdot 3 \cdot 5 \cdot \sqrt[3]{3}$$

Reducción de radicales a índice común: El índice común es el m.c.m. de los índices. Utilizar prop. 5. Ej.:
$$\sqrt[3]{3^2} \cdot \sqrt{5} \cdot \sqrt[4]{7} = \sqrt[3 \cdot 4]{3^{2 \cdot 4}} \cdot \sqrt[2 \cdot 6]{5^6} \cdot \sqrt[4 \cdot 3]{7^3} = \sqrt[12]{3^8 \cdot 5^6 \cdot 7^3}$$

Multiplicación y división de radicales: Se reducen a índice común y se utilizan las propiedades 1 y 2. Ej.:
$$\frac{\sqrt[3]{3^2} \cdot \sqrt{5}}{\sqrt[4]{15}} = \frac{\sqrt[12]{3^8} \cdot \sqrt[12]{5^6}}{\sqrt[12]{15^3}} = \sqrt[12]{\frac{3^8 \cdot 5^6}{3^3 \cdot 5^3}} = \sqrt[12]{3^5 \cdot 5^3}$$

Suma y resta de radicales semejantes: Ej.:
$$\sqrt{27} + \sqrt{48} - \sqrt{\frac{3}{4}} = 3\sqrt{3} + 4\sqrt{3} - \frac{1}{2}\sqrt{3} = \frac{13}{2}\sqrt{3}$$

Racionalización: Quitar raíces del denominador:
- Si el denominador es una **raíz cuadrada**:
$$\frac{1}{\sqrt{3}} = \frac{1}{\sqrt{3}} \cdot \frac{\sqrt{3}}{\sqrt{3}} = \frac{\sqrt{3}}{3}$$
- Si el denominador es una **raíz n-ésima**:
$$\frac{1}{\sqrt[5]{3^2}} = \frac{1}{\sqrt[5]{3^2}} \cdot \frac{\sqrt[5]{3^3}}{\sqrt[5]{3^3}} = \frac{\sqrt[5]{3^3}}{\sqrt[5]{3^5}} = \frac{\sqrt[5]{3^3}}{3}$$
- Si el denominador es un **binomio**:
$$\frac{1}{\left(\sqrt{5} - \sqrt{3}\right)} = \frac{1}{\left(\sqrt{5} - \sqrt{3}\right)} \cdot \frac{\left(\sqrt{5} + \sqrt{3}\right)}{\left(\sqrt{5} + \sqrt{3}\right)} = \frac{\left(\sqrt{5} + \sqrt{3}\right)}{\left(\sqrt{5}\right)^2 - \left(\sqrt{3}\right)^2} =$$
$$= \frac{\left(\sqrt{5} + \sqrt{3}\right)}{2}$$

Logaritmos

Definición:
$$\log_b a = x \implies b^x = a$$

Logaritmos especiales: $\log_{10} a = \log a$; $\log_e a = \ln a$

Cambio de base: $\log_c a = \dfrac{\log_b a}{\log_b c}$

Propiedad	Ejemplo
$\log_b b = 1$	$\log_2 2 = 1 \quad ; \quad \log 10 = 1$
$\log_b 1 = 0$	$\log 1 = 0$
$\log a + \log b = \log(a \cdot b)$	$\log 2 + \log 3 = \log(2 \cdot 3)$
$\log a - \log b = \log\left(\dfrac{a}{b}\right)$	$\log 18 - \log 2 = \log\left(\dfrac{18}{2}\right)$
$\log a^b = b \cdot \log a$	$\log 2^3 = 3 \cdot \log 2$
$\log \sqrt[b]{a} = \log a^{\frac{1}{b}} = \dfrac{1}{b} \cdot \log a$	$\log \sqrt{3} = \log 3^{\frac{1}{2}} = \dfrac{1}{2} \cdot \log 3$

Polinomios

Monomio: es una expresión algebraica en la que las únicas operaciones entre las variables son el producto y la **potencia de exponente natural**. Ejemplos:

- $2x^3y^2$; $3x^4$; $\dfrac{1}{4}x^3$ son monomios

- $2x^{\frac{3}{4}}y^2$; $3x^{-1}$; $\dfrac{1}{4x^2}$ no son monomios

Polinomio: es la suma de varios monomios. Si son dos, se llama **binomio**. Ejemplos:

$$P(x,y) = 2x^3y^2 + 3x^4 + \frac{1}{4}x^3 \qquad Q(x) = x^3 - 2x^2 + 3x + 1$$

Operaciones de polinomios

Valor numérico: el valor numérico de un polinomio P(a), es el valor que resulta de sustituir la variable por *a*. Ej.:

$$P(x) = 3x^2 - x + 1 \qquad P(2) = 3 \cdot 2^2 - 2 + 1 = 11$$

Suma/resta de polinomios: se operan los monomios semejantes entre sí. Ej.:

$$\left(x^2 + 2xy + 3xy^2 + 2y^2\right) + \left(3x^2 - 5xy + 2xy^2 + y^3\right) =$$
$$= 4x^2 - 3xy + 5xy^2 + 2y^2 + y^3$$

Multiplicación:

$$\left(x^2 + 2x\right) \cdot \left(3x^2 - x + 1\right) =$$
$$= 3x^4 - x^3 + x^2 + 6x^3 - 2x^2 + 2x =$$
$$= 3x^4 + 5x^3 - x^2 + 2x$$

División: ejemplo de división de polinomios:

$$\frac{P(x)}{Q(x)} = \frac{4x^4 - 2x^3 + 5x^2 + 1}{x^2 - x + 1}$$

$$
\begin{array}{l}
4x^4 - 2x^3 + 5x^2 + 1 \\
\underline{-4x^4 + 4x^3 - 4x^2} \\
2x^3 + x^2 + 1 \\
\underline{-2x^3 + 2x^2 - 2x + 1} \\
3x^2 - 2x + 1 \\
\underline{-3x^2 + 3x - 3} \\
x - 2
\end{array}
\quad
\begin{array}{l}
\underline{x^2 - x + 1} \\
4x^2 + 2x + 3
\end{array}
$$

Se puede poner:

$$\frac{4x^4 - 2x^3 + 5x^2 + 1}{x^2 - x + 1} = 4x^2 + 2x + 3 + \frac{x - 2}{x^2 - x + 1}$$

División por Ruffini: si el divisor es del tipo (x-a) se puede realizar la división utilizando la regla de Ruffini. Ej.:

$$\frac{P(x)}{Q(x)} = \frac{4x^4 - 4x^3 + 2x^2 + 1}{x - 2}$$

	4	-4	2	0	1
2		8	8	20	40
	4	4	10	20	41

$$\frac{4x^4 - 4x^3 + 2x^2 + 1}{x - 2} = 4x^3 + 4x^2 + 10x + 20 + \frac{41}{x - 2}$$

Identidades notables

$(a+b)^2 = a^2 + 2ab + b^2$	$(2x+3)^2 = 4x^2 + 12x + 9$
$(a-b)^2 = a^2 - 2ab + b^2$	$(3-3x)^2 = 9 - 18x + 9x^2$
$(a+b)(a-b) = a^2 - b^2$	$(2+x)(2-x) = 4 - x^2$

Binomio de Newton

Cálculo de la potencia de un binomio

$$(a+b)^n = \binom{n}{0}a^n b^0 + \binom{n}{1}a^{n-1}b^1 + \binom{n}{2}a^{n-2}b^2 + \ldots + \binom{n}{n}a^0 b^n$$

Ejemplo: Desarrollar $(x+2y)^3$

$$\binom{3}{0}x^3(2y)^0 + \binom{3}{1}x^2(2y)^1 + \binom{3}{2}x^1(2y)^2 + \binom{3}{3}x^0(2y)^3 =$$
$$= x^3 + 6x^2 y + 12xy^2 + 8y^3$$

Raíces de un polinomio

Raíz de un polinomio: a es raíz de un polinomio si se cumple P(a)=0, es decir, es una solución de la ecuación que resulta de igualar el polinomio a 0.

Las raíces de un polinomio se pueden hallar por Ruffini, por la fórmula de 2º grado…etc.

Ejemplo: hallar las raíces de $P(x) = 2x^2 - x - 1$

Igualamos a 0 y resolvemos:

$$2x^2 - x - 1 = 0 \quad \Rightarrow \quad x = \frac{1 \pm \sqrt{1 - 4 \cdot 2 \cdot (-1)}}{4}$$

$$x = 1; \quad x = -\frac{1}{2}$$

Teorema fundamental del álgebra

Un polinomio de grado n tiene n raíces que pueden ser reales o complejas.

Teorema del resto

El resto de dividir un polinomio P(x) por otro de la forma (x-a) coincide con el valor de P(a).

Ejemplo: hallar m para que $P(x) = 2x^2 - mx - 6$ sea divisible por (x-3).

Si es divisible por (x-3), el resto de la división debe ser 0, entonces, por el teorema del resto

$$P(3) = 2 \cdot 3^2 - m \cdot 3 - 6 = 0$$

de donde **m = 4**

Teorema del factor

Si a es una raíz del polinomio P(x), entonces P(x) es divisible entre (x-a), o dicho de otra forma, P(x) tiene un factor (x-a) .

Factorización de polinomios

Extraer factor común: Ej.:
$$P(x) = 2x^3 - 2x^2 - 4x = 2x(x^2 - x - 2)$$

Por Ruffini: Hallamos las raíces por la regla de Ruffini. Ej.:
$$P(x) = 2x^2 - 2x - 4$$

	2	-2	-4
2		4	4
	2	2	0
-1		-2	
	2	0	

Las raíces son x=2 y x=-1, entonces
$$P(x) = 2(x - 2)(x + 1)$$

Fórmula de 2º grado: los polinomios de segundo grado del tipo $P(x) = Ax^2 + Bx + C$ se pueden factorizar en la forma $P(x) = A(x - a)(x - b)$ siendo a y b las raíces, que se obtienen aplicando la fórmula de 2º grado, y A el coeficiente de 2º grado. Ej.:
$$P(x) = 3x^2 + 12x - 15$$
$$x = \frac{-12 \pm \sqrt{144 - 4 \cdot 3 \cdot (-15)}}{6} = \frac{-12 \pm 18}{6} \quad x = -5; \ x = 1$$
$$P(x) = 3(x + 5)(x - 1)$$

Igualdades notables: Ej.:
$$P(x) = 4x^2 + 12x + 9 = (2x + 3)^2$$
$$Q(x) = x^2 - x + \frac{1}{4} = \left(x - \frac{1}{2}\right)^2$$
$$R(x) = 9x^2 y^2 - 4 = (3xy - 2)(3xy + 2)$$

Operaciones con fracciones algebraicas

Simplificación de fracciones algebraicas: se factorizan el numerador y denominador. Los factores iguales se simplifican. Ej.:
$$\frac{2x^3 + 2x^2 - 4x}{x^3 - x} = \frac{2x(x-1)(x+2)}{x(x-1)(x+1)} = \frac{2(x+2)}{x+1}$$

Suma/resta de fracciones algebraicas: se factorizan los denominadores y se ponen en común denominador. Después se opera la expresión en el numerador. La fracción resultante se simplifica si es posible. Ej.:
$$\frac{2}{x-1} + \frac{x+1}{x^2-1} = \frac{2}{x-1} + \frac{x+1}{(x-1)(x+1)} = \frac{2(x+1) + x + 1}{(x-1)(x+1)}$$
$$= \frac{3x + 3}{(x-1)(x+1)} = \frac{3(x+1)}{(x-1)(x+1)} = \frac{3}{x-1}$$

Multiplicación: se multiplica numerador con numerador y denominador con denominador y se simplifica la fracción resultante. Es conveniente factorizar previamente:
$$\frac{2}{x^2 + x - 2} \cdot \frac{x^2 - 1}{2x + 2} = \frac{2}{(x-1)(x+2)} \cdot \frac{(x-1)(x+1)}{2(x+1)} =$$
$$= \frac{2(x-1)(x+1)}{(x-1)(x+2)2(x+1)} = \frac{1}{x+2}$$

División: se factoriza numerador y denominador. Se multiplica en cruz y se simplifica:
$$\frac{2x + 2}{x^2 + x - 2} : \frac{4x + 4}{3x - 3} = \frac{2(x+1)}{(x-1)(x+2)} : \frac{4(x+1)}{3(x-1)} =$$
$$= \frac{2(x+1)3(x-1)}{(x-1)(x+2)4(x+1)} = \frac{3}{2(x+2)}$$

Descomposición en fracciones simples

Es el proceso inverso de la suma de fracciones algebraicas. Se trata de transformar una fracción algebraica en la suma de otras más sencillas. El primer paso es **obtener las raíces y factorizar el denominador**. Para cada factor obtenido tendremos las correspondientes fracciones como se indica a continuación

1. Para cada **raíz real sencill**a, con factor $(x - a)$ tendremos un té.rmino del tipo $\dfrac{A}{x - a}$

2. Para cada **raíz real múltiple**, con factor $(x - b)^n$ tendremos n términos; $\dfrac{B_1}{x - b} + \dfrac{B_2}{(x - b)^2} + ... + \dfrac{B_n}{(x - b)^n}$

3. Para cada **factor cuadrático irreducible** $(ax^2 + bx + c)$ tendremos un término del tipo $\dfrac{Cx + D}{ax^2 + bx + c}$

Ejemplo:
$$\frac{7x + 1}{x^3 + x^2 - x - 1} = \frac{7x + 1}{(x-1)(x+1)^2} = \frac{A}{x-1} + \frac{B}{x+1} + \frac{C}{(x+1)^2}$$

Para determinar las incógnitas A, B y C debemos igualar los numeradores de ambos términos:
$$7x + 1 = A(x+1)^2 + B(x+1)(x-1) + C(x-1)$$

Damos tantos valores arbitrarios a x como incógnitas tenemos, para obtener otras tantas ecuaciones:
$$\left.\begin{array}{lll} x = 1 & \Rightarrow & 8 = 4A & \Rightarrow & A = 2 \\ x = -1 & \Rightarrow & -6 = -2C & \Rightarrow & C = 3 \\ x = 0 & \Rightarrow & 1 = A - B - C & \Rightarrow & B = -2 \end{array}\right\}$$

Obtenemos
$$\frac{2}{x-1} - \frac{2}{x+1} + \frac{3}{(x+1)^2}$$

Ecuaciones de segundo grado

Son de la forma $ax^2 + bx + c = 0$
Se resuelven aplicando la fórmula:

$$x = \frac{-b \pm \sqrt{b^2 - 4ac}}{2a}$$

Ej.: $x^2 - 3x + 2 = 0$

$$x = \frac{3 \pm \sqrt{(-3)^2 - 4 \cdot 1 \cdot 2}}{2} \quad \Rightarrow \quad x = 1; x = 2$$

Ecuaciones de segundo grado incompletas:

- **Si falta el término de 1° grado,** $ax^2 + c = 0$, se despeja la variable x. Ej.:
$$x^2 - 4 = 0 \quad \Rightarrow \quad x = \pm\sqrt{4} \quad \Rightarrow \quad x = \pm 2$$

- **Si falta el término independiente** $ax^2 + bx = 0$. Se saca factor común de x y se resuelve cada factor. Ej.:
$$x^2 - 2x = 0 \quad \Rightarrow \quad x(x - 2) = 0 \quad \Rightarrow \quad x = 0; x = 2$$

Ecuaciones bicuadradas y asimiladas

Bicuadradas: son de la forma
$$ax^4 + bx^2 + c = 0$$

Se transforman en una de 2° grado haciendo el cambio de variable $x^2 = t$ y se resuelve t con la fórmula de 2° grado.

$$t = \frac{-b \pm \sqrt{b^2 - 4ac}}{2a}$$

Para cada valor de t obtenido se obtienen los correspondientes valores de x deshaciendo el cambio.

Ej.: $x^4 - 3x^2 - 4 = 0 \quad \Rightarrow \quad \{x^2 = t\} \quad \Rightarrow \quad t^2 - 3t - 4 = 0$

$$t = \frac{3 \pm \sqrt{(-3)^2 - 4 \cdot 1 \cdot (-4)}}{2}$$

$$t = -1 \quad \Rightarrow \quad x^2 = -1 \quad \Rightarrow \quad x = \sqrt{-1} \notin \mathbb{R}$$

$$t = 4 \quad \Rightarrow \quad x^2 = 4 \quad \Rightarrow \quad x = \pm\sqrt{4} \quad \Rightarrow \quad x = \pm 2$$

Bicúbicas: son de la forma
$$ax^6 + bx^3 + c = 0$$

Se hace el cambio de variable $x^3 = t$ y se resuelve t con la fórmula de 2° grado. Para cada valor de t obtenido se obtiene el correspondiente valor de x

Ej.: $x^6 - 7x^3 - 8 = 0 \quad \Rightarrow \quad \{x^3 = t\} \quad \Rightarrow \quad t^2 - 7t - 8 = 0$

$$t = \frac{7 \pm \sqrt{(-7)^2 - 4 \cdot 1 \cdot (-8)}}{2}$$

$$t = -1 \quad \Rightarrow \quad x^3 = -1 \quad \Rightarrow \quad x = \sqrt[3]{-1} \quad \Rightarrow \quad x = -1$$

$$t = 8 \quad \Rightarrow \quad x^3 = 8 \quad \Rightarrow \quad x = \sqrt[3]{8} \quad \Rightarrow \quad x = 2$$

En general, ecuaciones de la forma $ax^{2k} + bx^k + c = 0$ se realizará el cambio de variable $x^k = t$ .Ej.:

$$x^8 + 2x^4 + 6 = 0 \quad \Rightarrow \quad \{x^4 = t\} \quad \Rightarrow \quad t^2 + 2t + 6 = 0$$

Ecuaciones de factores

Las ecuaciones producto de factores, de la forma:
$$P(x) \cdot Q(x) \cdot R(x) \cdot \ldots \cdot T(x) = 0$$

Se resuelven de forma inmediata igualando cada factor a 0. Ej.:

$$(x + 1) \cdot (x - 2) \cdot (x^2 - 9) = 0$$

Igualamos a 0 cada factor

$$x + 1 = 0 \quad \Rightarrow \quad x = -1$$
$$x - 2 = 0 \quad \Rightarrow \quad x = 2$$
$$x^2 - 9 = 0 \quad \Rightarrow \quad x = -3; x = 3$$

Ecuaciones polinómicas de grado > 2

Se factorizan y se resuelven como en el caso anterior
$$x^4 + x^3 - 5x^2 + x - 6 = 0$$
Factorizamos el polinomio por Ruffini

	1	1	-5	1	-6
2		2	6	2	6
	1	3	1	3	0
-3		-3	0	-3	
	1	0	1	0	

$$\left(x^2 + 1\right)\left(x - 2\right)\left(x + 3\right) = 0$$

$$x^2 + 1 = 0 \quad \Rightarrow \quad x \notin \mathbb{R}$$
$$x - 2 = 0 \quad \Rightarrow \quad x = 2$$
$$x + 3 = 0 \quad \Rightarrow \quad x = -3$$

Ecuaciones de fracciones algebraicas

Se ponen las fracciones en común denominador para eliminar los denominadores. Entonces se resuelve la ecuación polinómica resultante.
Ej.:

$$\frac{3 - x}{1 - x^2} - \frac{2 + x}{1 + x} = \frac{1}{1 - x}$$

$$\frac{3 - x}{1 - x^2} - \frac{(2 + x)(1 - x)}{(1 + x)(1 - x)} = \frac{(1 + x)}{(1 - x)(1 + x)}$$

$$3 - x - (2 - x - x^2) = 1 + x$$

$$x^2 - x = 0$$

$$x(x - 1) = 0$$

Se obtienen las posibles soluciones

$$x = 0$$
$$x = 1$$

Las soluciones hay que comprobarlas, y las que no cumplan no se toman.
En el ejemplo, la solución x=1 da una división por 0, luego no vale. La solución es:

$$x = 0$$

Ecuaciones irracionales

La incógnita aparece dentro de algún radical.
Aislamos el término irracional y elevamos la ecuación al cuadrado. Ej.:

$$\sqrt{7-3x} - x = 7$$
$$\sqrt{7-3x} = x + 7$$
$$\left(\sqrt{7-3x}\right)^2 = (x+7)^2$$
$$7 - 3x = x^2 + 14x + 49$$
$$x^2 + 17x + 42 = 0$$

Las soluciones hay que comprobarlas en la ecuación inicial, y las que no cumplan no se toman. En el ejemplo: la respuesta es:

$$x = -3 \text{ es solución}$$
$$x = -14 \ \textbf{NO} \text{ es solución}$$

En algunos casos, donde tengamos varias raíces, el proceso de aislar la raíz y elevar al cuadrado la ecuación, habrá que realizarlo varias veces. Ej.:

$$\sqrt{x} + x = \sqrt{3x + x^2}$$
$$\left(\sqrt{x} + x\right)^2 = \left(\sqrt{3x + x^2}\right)^2$$
$$\sqrt{x}^2 + 2x\sqrt{x} + x^2 = 3x + x^2$$
$$x + 2x\sqrt{x} + x^2 = 3x + x^2$$

Aislamos el radical y volvemos a elevar al cuadrado:

$$\left(2x\sqrt{x}\right)^2 = (2x)^2$$
$$4x^2 \cdot x = 4x^2$$
$$4x^3 - 4x^2 = 0$$
$$x^2(x-1) = 0$$

Los resultados hay que comprobarlos.
Se obtienen $x = 0$ y $x = 1$. Se comprueban en la ecuación inicial y determinamos que ambas son soluciones válidas.

Ecuaciones logarítmicas

Utilizaremos las propiedades de los logaritmos para agrupar en un único logaritmo cada término de la ecuación. Una vez tenemos un único logaritmo a la derecha y a la izquierda, por la propiedad inyectiva, se igualan los argumentos y se resuelve la ecuación algebraica resultante. **Es necesario comprobar las soluciones**. Ej.:

$$\log(x+3) - \log(x+1) = 1 - \log 5$$
$$\log(x+3) - \log(x+1) = \log 10 - \log 5$$
$$\log\left(\frac{x+3}{x+1}\right) = \log\left(\frac{10}{5}\right)$$

Aplicamos la propiedad inyectiva:

$$\frac{x+3}{x+1} = 2$$

Se obtiene la solución $x = 1$ y comprobamos que es válida.

Ecuaciones con valor absoluto

Se desglosa en dos ecuaciones sin valor absoluto: una con el término valor absoluto en positivo, y otra con el término de valor absoluto en negativo. Ej.:

$$2x + |4 - 6x| = 8$$

Desglosamos en 2 ecuaciones y resolvemos cada una:

$$2x + (4 - 6x) = 8 \qquad 2x - (4 - 6x) = 8$$
$$4x = -4 \qquad\qquad 8x = 12$$
$$x = -1 \qquad\qquad x = \frac{3}{2}$$

Ecuaciones exponenciales

Tipo 1: Ambos términos de la ecuación se pueden poner como potencia de la misma base. Aplicamos la propiedad inyectiva e igualamos los exponentes. Se resuelve la ecuación algebraica resultante. Ej.:

$$2^{1-x^2} = \frac{1}{8} \ \Rightarrow \ 2^{1-x^2} = 2^{-3}$$

Propiedad inyectiva:

$$1 - x^2 = -3$$

Se obtienen las soluciones $x = -2$ y $x = 2$

Tipo 2: Los términos exponenciales están en la misma base. Trasformamos los términos con incógnita en la misma exponencial, y realizaremos el cambio $a^x = t$
Recordando algunas propiedades de la potencias, podemos hacer transformaciones como las siguientes:

$$2^{x+2} = 2^x \cdot 2^2; \qquad 2^{2x} = \left(2^x\right)^2; \qquad \frac{1}{2^x} = 2^{-x} = \left(2^x\right)^{-1}$$

Ejemplo:

$$9^x - 2 \cdot 3^{x+2} + 81 = 0$$
$$\left(3^2\right)^x - 2 \cdot 3^2 \cdot 3^x + 81 = 0$$
$$\left(3^x\right)^2 - 18 \cdot 3^x + 81 = 0$$

Hacemos el cambio $3^x = t$, y tenemos $t^2 - 18t + 81 = 0$
Se obtiene la solución $t = 9$. Deshacemos el cambio para obtener la solución final:

$$t = 9 \ \Rightarrow \ 3^x = 9 \ \Rightarrow \ 3^x = 3^2 \ \Rightarrow \ x = 2$$

Tipo 3: Los términos exponenciales no se pueden poner en la misma base.
Tomaremos logaritmos en ambos términos, y utilizando las propiedades de los logaritmos, despejamos la incógnita.
Ejemplo:

$$3^{x/2} = 5$$
$$\log_3\left(3^{x/2}\right) = \log_3 5$$
$$\frac{x}{2} \cdot \log_3 3 = \log_3 5$$
$$x = 2 \cdot \log_3 5$$

Sistemas lineales con 2 incógnitas

Son sistemas formados por dos ecuaciones lineales de la forma:

$$\begin{cases} A\,x + B\,y = C \\ A'x + B'y = C' \end{cases}$$

Se pueden resolver utilizando los métodos de **reducción, igualación y sustitución.**

Interpretación geométrica: considerando que las ecuaciones del sistema representan rectas en el plano, los tres tipos de soluciones del sistema serían las posiciones relativas entre las 2 rectas:

Condicion	Tipo de sistema	Nº sol.	Posiciones
$\dfrac{A}{A'} = \dfrac{B}{B'} = \dfrac{C}{C'}$	Compatible indeterminado	∞	r_1 r_2
$\dfrac{A}{A'} = \dfrac{B}{B'} \neq \dfrac{C}{C'}$	Incompatible	0	r_1 r_2
$\dfrac{A}{A'} \neq \dfrac{B}{B'}$	Compatible determinado	1	r_1 r_2

Sistemas no lineales con 2 incógnitas

Son sistemas formados por dos ecuaciones, alguna de las cuales no es de primer grado. En general se resuelven por sustitución, aunque pueden ser útiles otros métodos. Cada solución es un par (x, y). Veamos algunos ejemplos:

$\begin{cases} x^2 + y^2 = 169 \\ x + y = 17 \end{cases}$	Resolvemos por sustitucióon. Despejamos x de la 2ª ec. x = 17 -y, y sustituimos en la 1ª:

$$(17 - y)^2 + y^2 = 169 \qquad \text{Sol.:} (12,5); (5,12)$$

$\begin{cases} y^2 - 2y + 1 = x \\ \sqrt{x} + y = 5 \end{cases}$	Resolvemos por sustitucion. La x ya esta despejada en la 1ª ecuacion. Sustituimos en la 2ª:

$$\sqrt{y^2 - 2y + 1} + y = 5 \qquad \text{Sol.:} (4,3)$$

$\begin{cases} 3x^2 + 2y^2 = 11 \\ 2x^2 + 4y^2 = 18 \end{cases}$	Resolvemos por reducción. $3E_2 - 2E_1 \begin{cases} 3x^2 + 2y^2 = 11 \\ 0 \quad + 8y^2 = 32 \end{cases}$

Para cada solución obtenida de y resolvemos x, se tiene:

$$\text{Sol.:} (-1,-2); (-1,2); (1,-2); (1,2)$$

$\begin{cases} \log x + \log y = 3 \\ \log\dfrac{1}{x} + \log y^2 = 3 \end{cases}$ $\begin{cases} x \cdot y = 1000 \\ \dfrac{y^2}{x} = 1000 \end{cases}$	Aplicando las propiedades de los logaritmos se obtiene:

Se resuelve por sustitución, despejando x de la 1ª y sustituyendo en la 2ª (Hay que comprobar la solución).

$$\frac{y^3}{1000} = 1000 \qquad \text{Sol.:} (10,100)$$

Método de Gauss

El método de Gauss es el método de reducción aplicado a sistemas lineales de 3 o más ecuaciones. Consiste en transformar el sistema de ecuaciones en otro equivalente escalonado, de la forma

$$\begin{cases} Ax & +By & +Cz & = & D \\ & +B'y & +C'z & = & D' \\ & & +C''z & = & D'' \end{cases}$$

- Por simplicidad, escribimos el sistema como una matriz..
- Ordenamos el sistema. Tomamos como pivote la ecuación más sencilla y la ponemos la 1ª.
- Mediante combinaciones lineales eliminamos los términos en x de la 2ª y 3ª ecuación (También se puede actuar así con cualquier otra incógnita).
- Eliminamos el término en y de la 3ª combinado con la 2ª.
- Solucionamos de abajo a arriba.

Ejemplo:

$$\begin{cases} x & -2y & +z & = & 3 \\ 2x & -5y & +3z & = & 4 \\ 5x & +y & +7z & = & 11 \end{cases} \Rightarrow \begin{pmatrix} 1 & -2 & 1 & 3 \\ 2 & -5 & 3 & 4 \\ 5 & 1 & 7 & 11 \end{pmatrix} =$$

$$= \begin{matrix} \\ E_2 - 2E_1 \\ E_3 - 5E_1 \end{matrix} \begin{pmatrix} 1 & -2 & 1 & 3 \\ 0 & -1 & 1 & -2 \\ 0 & 11 & 2 & -4 \end{pmatrix} = \begin{matrix} \\ \\ E_3 + 11E_2 \end{matrix} \begin{pmatrix} 1 & -2 & 1 & 3 \\ 0 & -1 & 1 & -2 \\ 0 & 0 & 13 & -26 \end{pmatrix}$$

La última ecuación resultante es 13z=-26. Solucionando hacia arriba obtenemos: x=5; y=0; z=-2

Discusión de sistemas por el método de Gauss

Aplicado Gauss, si la última ecuación resultante es del tipo:
- **(0, 0, 0, 0) nula:** el sistema es **Compatible Indeterminado.** Se resuelve tomando una incógnita como parámetro.
- **(0, 0, K_1, K_2) o (0, 0, K, 0):** es **Compatible Determinado**
- **(0, 0, 0, K) con K≠0:** el sistema es **Incompatible.**

$$\begin{cases} x & -2y & & = & -3 \\ -2x & +3y & +z & = & 4 \\ 2x & +y & -5z & = & 4 \end{cases} \Rightarrow \begin{pmatrix} 1 & -2 & 0 & -3 \\ -2 & 3 & 1 & 4 \\ 2 & 1 & -5 & 4 \end{pmatrix} =$$

$$\begin{matrix} \\ E_2 + 2E_1 \\ E_3 - 2E_1 \end{matrix} \begin{pmatrix} 1 & -2 & 0 & -3 \\ 0 & -1 & 1 & -2 \\ 0 & 5 & -5 & 10 \end{pmatrix} = \begin{matrix} \\ \\ E_3 + 5E_2 \end{matrix} \begin{pmatrix} 1 & -2 & 0 & -3 \\ 0 & -1 & 1 & -2 \\ 0 & 0 & 0 & 0 \end{pmatrix}$$

El sistema es compatible indeterminado. Tiene infinitas soluciones. Tomamos z=λ y la 2ª ec. queda: -y+λ=-2 Solucionando hacia arriba: x=2 λ +1; y= λ +2; z= λ

Discusión de sistemas con parámetro. Ejemplo

Aplicamos el método de Gauss y discutimos los valores del parámetro de la última ecuación según el punto anterior:

$$\begin{cases} x & -2y & -3z & = & -1 \\ 2x & -y & +z & = & 3 \\ 4x & -5y & -kz & = & 1 \end{cases} \Rightarrow \begin{pmatrix} 1 & -2 & -3 & -1 \\ 2 & -1 & 1 & 3 \\ 4 & -5 & -k & 1 \end{pmatrix} =$$

$$\begin{matrix} \\ E_2 - 2E_1 \\ E_3 - 4E_1 \end{matrix} \begin{pmatrix} 1 & -2 & -3 & -1 \\ 0 & 3 & 7 & 5 \\ 0 & 3 & 12-k & 5 \end{pmatrix} = \begin{matrix} \\ \\ E_3 - E_2 \end{matrix} \begin{pmatrix} 1 & -2 & -3 & -1 \\ 0 & 3 & 7 & 5 \\ 0 & 0 & 5-k & 0 \end{pmatrix}$$

Evaluando la última ecuación:
- Si k=5, la 3ª ecuación queda del tipo **(0, 0, 0, 0) nula:** el sistema es **Compatible Indeterminado.**
- Si k≠5 , la 3ª ecuación queda del tipo **(0,0,K,0):** el sistema es **Compatible Determinado.**

Inecuaciones

Son desigualdades que pueden tomar las 4 formas siguientes: **>** (mayor), **≥** (mayor o igual), **<** (menor), **≤** (menor o igual).

Inecuaciones de primer grado

Se resuelven despejando la incógnita igual que en las ecuaciones. El resultado se expresa como un intervalo, el conjunto de valores que cumplen la desigualdad. Ej.:

$$2(x+3) \leq 4x+10 \quad \Rightarrow \quad 2x-4x \leq 10-6$$
$$-2x \leq 4$$
$$x \geq \frac{4}{-2} \quad \Rightarrow \quad x \geq -2 \quad \Rightarrow \quad x \in [-2,\infty)$$

Nótese que al despejar x, como su coeficiente es negativo, se cambia el sentido de la desigualdad. El intervalo es cerrado en x=-2, porque la desigualdad contiene *igual*.

Inecuaciones de segundo grado, de grado superior y racionales

De forma general, para resolver cualquier inecuación seguiremos el siguiente método:

1. Dejamos la inecuación simplificada comparada con 0. Si es racional, no se eliminan denominadores.
2. Hallamos las raíces del numerador y denominador. Representamos estas raíces en la recta real, teniendo en cuenta:
   o Si la desigualdad **tiene** *igual*, son puntos cerrados.
   o Si la desigualdad **no tiene** *igual*, o son raíces del denominador, son puntos abiertos.
3. Evaluamos el signo de la expresión algebraica en los intervalos determinados en la recta real.
4. Indicamos como solución los intervalos que cumplen.

1. Inecuación simplificada: $x^2 - x - 2 > 0$

2. Raíces del polinomio: $x = \dfrac{1 \pm \sqrt{1+8}}{2} \quad \Rightarrow \quad x = -1; x = 2$

   Raíces en la recta real:

3. Signo de $x^2 - x - 2$ en los intervalos:

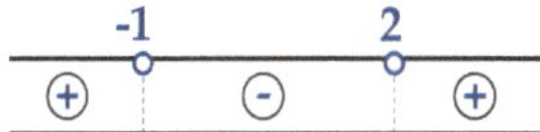

4. El resultado son los intervalos positivos. En este caso son abiertos porque la inecuación no contiene *igual*.

$$x \in (-\infty,-1) \cup (2,\infty)$$

- Inecuación simplificada: $\dfrac{(x-3)x}{x+2} \geq 0$

- Raíces numerador y denominador: $x = -2; x = 0; x = 3$

  Raíces en la recta real:

- Signo de $\dfrac{(x-3)x}{x+2}$ en los intervalos:

- Resultado, intervalos positivos:

$$x \in (-2,0] \cup [3,\infty)$$

Sistemas de inecuaciones con una incógnita

- Se resuelven las inecuaciones independientemente.
- La solución general es la intersección de los intervalos solución individuales de cada inecuación. Ejemplo:

$$\begin{cases} 2(x-2) \leq 4x & \text{Sol: } x \in [-2,\infty) \\ x^2 - x - 2 > 0 & \text{Sol: } x \in (-\infty,-1) \cup (2,\infty) \end{cases}$$

Representamos las soluciones en la recta real para ayudarnos a ver la intersección:

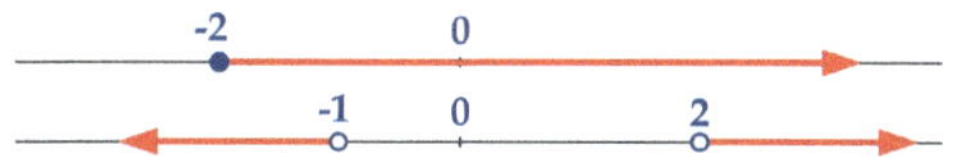

La solución es la zona donde coinciden ambas líneas:

$$x \in [-2,-1) \cup (2,\infty)$$

Inecuaciones con dos incógnitas

- Una vez simplificada la inecuación, se representa la gráfica correspondiente a la función. Si la desigualdad contiene *igual* se dibuja con línea continua, si no, se dibuja discontinua. Esta divide el plano en dos regiones.
- Probamos un punto cualquiera de cada región para determinar cuál es la zona que cumple. Se sombrea la solución.

$2x + 3y \geq 6$	$y > x^2 - 4$
Representamos $2x + 3y = 6$ en línea continua	Representamos $y = x^2 - 4$ en línea discontinua

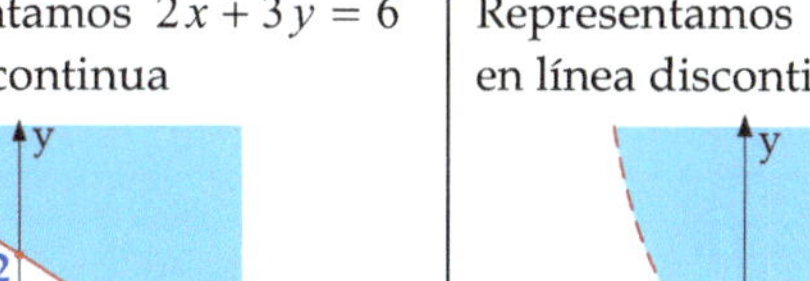

Sistemas de inecuaciones con dos incógnitas. Región factible

Representamos cada inecuación de forma independiente. La solución es la región donde se superponen.

$$\begin{cases} x \leq 4 \\ y \leq 3 \\ 2x + 3y \geq 6 \end{cases}$$

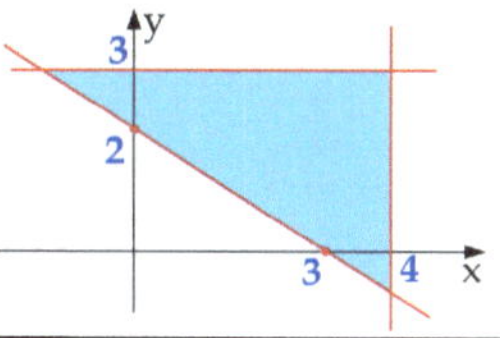

Inecuaciones con valor absoluto

- **< o ≤.** Se desglosa la inecuación en dos. La solución es la **intersección** de ambas. Ejemplo:

$$|2x-3| \leq 3-x \Rightarrow \begin{cases} 2x-3 \leq 3-x & \Rightarrow x \leq 2 \\ 2x-3 \geq -(3-x) & \Rightarrow x \geq 0 \end{cases} \text{Sol:} x \in [0,2]$$

- **> o ≥.** Se desglosa la inecuación en dos. La solución es la **unión** de ambas. Ej.:

$$|x+1| > 3 \Rightarrow \begin{cases} x+1 > 3 & \Rightarrow x > 2 \\ x+1 < -3 & \Rightarrow x < -4 \end{cases} \text{Sol.: } x \in (-\infty,-4) \cup (2,\infty)$$

Sucesiones

Una sucesión es una lista ordenada e infinita de números que siguen una regla o patrón. Los términos se denotan como $\{a_1, a_2, a_3, ..., a_n\}$ donde el subíndice denota la posición que ocupa en la lista. Ejemplos:

$$\{a_n\} = \{1, 3, 5, 7, ...\}$$
$$\{b_n\} = \{1, 2, 4, 8, 16, ...\}$$

El **término general**, a_n, de una sucesión es la regla o expresión matemática que permite calcular el valor de cualquier término conociendo su posición. Ejemplos:

$$\{1, 3, 5, 7, ...\} \quad \Rightarrow \quad a_n = 2n - 1$$
$$\{-1, 2, -3, 4, ...\} \quad \Rightarrow \quad b_n = n(-1)^n$$
$$\{3, 3, 3, 3, ...\} \quad \Rightarrow \quad c_n = 3$$

Progresión Aritmética

Una progresión aritmética es una sucesión, en la que partiendo de un elemento inicial a_1, cada elemento se obtiene sumando un número fijo d al anterior. Ejemplo:

$$\{1, 3, 5, 7, ...\} \quad \text{con} \quad a_1 = 1; \quad d = 2$$

El **término general** de una progresión aritmética viene dado por:
$$a_n = a_1 + (n - 1)d$$

La **suma de los n primeros términos** viene dada por:
$$S_n = \frac{n(a_1 + a_n)}{2}$$

Progresión Geométrica

Una progresión geométrica es una sucesión, en la que partiendo de un elemento inicial a_1, cada elemento se obtiene multiplicando al anterior por un número fijo r, llamado razón. Ej.:

$$\{1, 2, 4, 8, ...\} \quad \text{con} \quad a_1 = 1; \quad r = 2$$

El **términogGeneral** viene dado por:
$$a_n = a_1 \cdot r^{n-1}$$

La **suma de los n primeros términos** viene dada por:
$$S_n = \frac{a_1\left(r^n - 1\right)}{r - 1} \quad \text{con} \quad r \neq 1$$

El **producto de los n primeros términos** viene dado por:
$$P_n = \pm\sqrt{\left(a_1 \cdot a_n\right)^n} = \pm a_1^n \cdot r^{\frac{n(n-1)}{2}}$$

Si $-1 < r < 1$, la progresión geométrica es **convergente** y podemos calcular la **suma de sus infinitos términos**:

$$S_\infty = \frac{a_1}{1 - r}$$

Sucesión de Fibonacci

Sucesión de Fibonacci: partiendo de $a_1 = 1$ y $a_2 = 1$, cada término es la suma de los dos anteriores:

$$\{1, 1, 2, 3, 5, 8, 13, ...\}$$

El término general es recursivo, pues es necesario conocer los términos anteriores al que queremos obtener:

$$a_n = a_{n-1} + a_{n-2}$$

Existe una expresión que permite obtener cualquier término, llamada **Fórmula de Binet:**

$$a_n = \frac{1}{\sqrt{5}}\left[\left(\frac{1 + \sqrt{5}}{2}\right)^n - \left(\frac{1 - \sqrt{5}}{2}\right)^n\right]$$

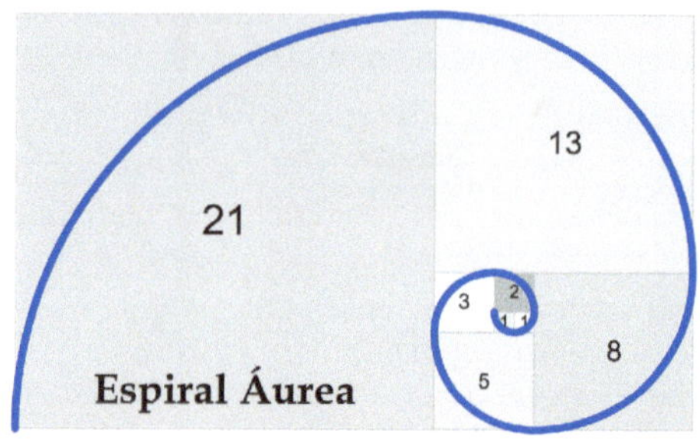

Sucesión Armónica

Una sucesión armónica es aquella en la que cada término es el **inverso multiplicativo** (darle la vuelta a la fracción) de una progresión aritmética que no contenga el cero. Por ejemplo, dada una progresión aritmética:

$$\{1, 3, 5, 7, ...\} \quad \text{con} \quad a_n = 2n - 1$$

La sucesión armónica correspondiente es:

$$\left\{\frac{1}{1}, \frac{1}{3}, \frac{1}{5}, \frac{1}{7}, ...\right\} \quad \text{con} \quad a_n = \frac{1}{2n - 1}$$

La **Sucesión Armónica** con nombre propio:

$$\left\{1, \frac{1}{2}, \frac{1}{3}, \frac{1}{4}, ...\right\} \quad \text{con} \quad a_n = \frac{1}{n}$$

Representa los armónicos de las ondas producidas en un instrumento musical. Por ejemplo, al pulsar la cuerda de una guitarra, no solo vibra la cuerda entera de un extremo a otro (produciendo el tono principal o la frecuencia fundamental). Al mismo tiempo, también está vibrando en mitades exactas, en tercios exactos, en cuartos exactos... Las longitudes de estas ondas secundarias que se forman en la cuerda siguen exactamente nuestra sucesión matemática:
- Vibración de longitud 1: sonido principal.
- Vibración de longitud ½: produce la Octava.
- Vibración de longitud 1/3: produce la Quinta perfecta.
- Vibración de longitud 1/4: produce la doble Octava.
- ...

A estos sonidos secundarios más agudos que acompañan a la nota principal se les llama **Armónicos.**

Porcentajes

Porcentaje es expresar un número como fracción de 100. Por ejemplo, un porcentaje r= 12% significa 12 de cada 100.

Índice de variación: es el factor por el que hay que multiplicar una cantidad para aplicarle un porcentaje r (de aumento o disminución) .

$$I_V = \left(1 \pm \frac{r}{100}\right)$$

Aumento porcentual: (índice de variación > 1) Si se quiere aumentar una cantidad inicial C_0 en un porcentaje r, la cantidad final obtenida será:

$$C_f = C_0\left(1 + \frac{r}{100}\right)$$

Disminución porcentual: (índice de variación < 1) Si se quiere disminuir una cantidad inicial C_0 en un porcentaje r, la cantidad final obtenida será:

$$C_f = C_0\left(1 - \frac{r}{100}\right)$$

Porcentajes encadenados: para calcular sucesivos aumentos o disminuciones porcentuales, se multiplican los índices de variación.

Ejemplo: aumento del 15%, disminución del 8%, y aumento del 25%.

$$C_f = C_0\left(1 + \frac{15}{100}\right) \cdot \left(1 - \frac{8}{100}\right) \cdot \left(1 + \frac{25}{100}\right)$$

Interés simple I

I es el beneficio que origina una cantidad de dinero, llamada capital C_0, al depositarlo en una entidad que nos ofrece un **rédito anual** r (en %), durante un tiempo **t** (años).

$$I = C_0\left(\frac{r}{100}t\right)$$

El capital obtenido al finalizar el periodo $C_f = C_0 + I$ es:

$$C_f = C_0\left(1 + \frac{r}{100}t\right)$$

Si los intereses se abonan en periodos diferentes del año, el término índice de variación hay que ajustarlo al periodo.

Semestral	Trimestral	Mensual	Diario
$\dfrac{r}{2\cdot 100}\cdot s$	$\dfrac{r}{4\cdot 100}\cdot tr$	$\dfrac{r}{12\cdot 100}\cdot m$	$\dfrac{r}{365\cdot 100}\cdot d$

Interés compuesto

Si los intereses se abonan en la misma cuenta donde está el capital inicial, el capital que produce **rédito** va aumentando en cada periodo. El capital final obtenido al finalizar el periodo será C_f.

$$C_f = C_0\left(1 + \frac{r}{100}\right)^t$$

$$I = C_f - C_0$$

Si los intereses se abonan en periodos diferentes del año, el término variable hay que ajustarlo al periodo.

Semestral	Trimestral	Mensual	Diario
$\left(1 + \dfrac{r}{2\cdot 100}\right)^s$	$\left(1 + \dfrac{r}{4\cdot 100}\right)^{tr}$	$\left(1 + \dfrac{r}{12\cdot 100}\right)^m$	$\left(1 + \dfrac{r}{365\cdot 100}\right)^d$

Anualidades de capitalización

Es una cantidad de dinero fija llamada **cuota**, **a**, que se deposita periódicamente, sobre la que se obtiene un rédito r en %, para obtener un capital final C_f, al cabo de un cierto tiempo, **t**.

$$C_f = a(1+i)\frac{(1+i)^t - 1}{i}$$

$$\text{Con} \quad i = \frac{r}{100}$$

Anualidades de amortización

Es la cantidad de dinero fija o **cuota**, **a**, devuelta periódicamente para saldar un capital prestado **C**, a cierto interés **r** en % anual, al cabo de un cierto tiempo, **t** en años.

$$a = C \cdot \frac{(1+i)^t \cdot i}{(1+i)^t - 1}$$

$$\text{Con} \quad i = \frac{r}{100}$$

Si queremos calcular el **capital prestado** en función del número de cuotas y de la cuota fija:

$$C = a \cdot \frac{(1+i)^t - 1}{(1+i)^t \cdot i}$$

Como en otras fórmulas de matemática mercantil, si el periodo de la cuota es con diferente intervalo, el término **i** y la variable de tiempo **t**, habrá que ajustarlos.

Semestral	Trimestral	Mensual	Diario
$t = s$	$t = tr$	$t = m$	$t = d$
$i = \dfrac{r}{2\cdot 100}$	$i = \dfrac{r}{4\cdot 100}$	$i = \dfrac{r}{12\cdot 100}$	$i = \dfrac{r}{365\cdot 100}$

TAE – Tasa Anual Equivalente

TAE: Tasa Anual Equivalente. (% de crecimiento del capital en un año) Es una referencia orientativa del coste o rendimiento efectivo anual de un producto financiero independientemente de su plazo:

$$\text{TAE} = \left[\left(1 + \frac{i}{p}\right)^p - 1\right] \cdot 100 \qquad \text{con} \quad i = \frac{r}{100}$$

Siendo **p** el número de liquidaciones o cuotas al año.

Números índice

Sirven para comparar datos de forma rápida, en forma de porcentaje. **Ej.:** Tabla consumo de agua por habitante y día

	2018	2019	2020	2021
Cáceres	163	185	221	203
Asturias	161	172	195	185
Valencia	138	143	168	162

Para realizar la tabla de números índice, fijamos como referencia el consumo en 2018, que corresponderá al 100%, y el resto de datos serán un porcentaje de ese dato de referencia.

Tabla de números índice de consumo de agua

	2018	2019	2020	2021
Cáceres	100	113	135	124
Asturias	100	106	121	115
Valencia	100	103	121	117

Medida de ángulos

$$2\pi \,(rad) = 360\,(°)$$

Radianes a grados	Grados a radianes
$\alpha(°) = \dfrac{180}{\pi}\,\alpha(rad)$	$\alpha(rad) = \dfrac{\pi}{180}\,\alpha(°)$

Longitud de arco

$$L = R \cdot \alpha(rad) \qquad L = \dfrac{R \cdot \pi \cdot \alpha}{180}\,(grados)$$

Razones trigonométricas de un ángulo agudo

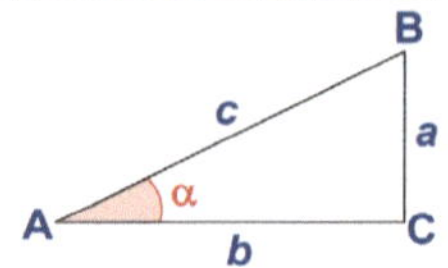

Funciones	Cofunciones
Seno	**Coseno**
$\operatorname{sen}\alpha = \dfrac{cat.\,opuesto}{hipotenusa} = \dfrac{a}{c}$	$\cos\alpha = \dfrac{cat.\,contiguo}{hipotenusa} = \dfrac{b}{c}$
Tangente	**Cotangente**
$\operatorname{tg}\alpha = \dfrac{cat.\,opuesto}{cat.\,contiguo} = \dfrac{a}{b}$	$\operatorname{cotg}\alpha = \dfrac{cat.\,contiguo}{cat.\,opuesto} = \dfrac{b}{a}$
Secante	**Cosecante**
$\sec\alpha = \dfrac{hipotenusa}{cat.\,contiguo} = \dfrac{c}{b}$	$\operatorname{cosec}\alpha = \dfrac{hipotenusa}{cat.\,opuesto} = \dfrac{c}{a}$

Relaciones fundamentales

Inversas	Fundamentales
$\sec\alpha = \dfrac{1}{\cos\alpha}$	$\operatorname{tg}\alpha = \dfrac{\operatorname{sen}\alpha}{\cos\alpha}$
$\operatorname{cosec}\alpha = \dfrac{1}{\operatorname{sen}\alpha}$	$\operatorname{sen}^2\alpha + \cos^2\alpha = 1$
$\operatorname{cotg}\alpha = \dfrac{1}{\operatorname{tg}\alpha}$	$\operatorname{tg}^2\alpha + 1 = \sec^2\alpha$
	$1 + \operatorname{cotg}^2\alpha = \operatorname{cosec}^2\alpha$

Ángulos notables del 1° cuadrante

	0°	30°	45°	60°	90°
$\operatorname{sen}\alpha$	0	$\dfrac{1}{2}$	$\dfrac{\sqrt{2}}{2}$	$\dfrac{\sqrt{3}}{2}$	1
$\cos\alpha$	1	$\dfrac{\sqrt{3}}{2}$	$\dfrac{\sqrt{2}}{2}$	$\dfrac{1}{2}$	0
$\tan\alpha$	0	$\dfrac{\sqrt{3}}{3}$	1	$\sqrt{3}$	$\nexists$

Ángulos relacionados

Ángulos complementarios (α+β=90°)

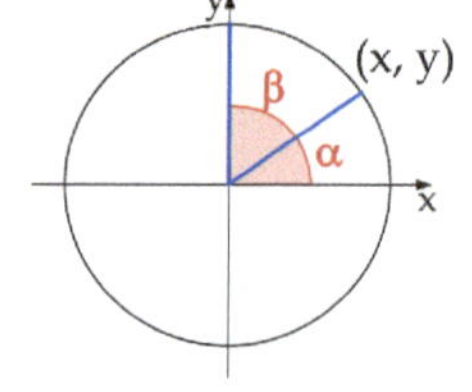

$$\operatorname{sen}\alpha = \cos(90° - \alpha)$$
$$\cos\alpha = \operatorname{sen}(90° - \alpha)$$
$$\operatorname{tg}\alpha = \operatorname{cotg}(90° - \alpha)$$
$$\sec\alpha = \operatorname{cosec}(90° - \alpha)$$

Ángulos suplementarios (α+β=180°)

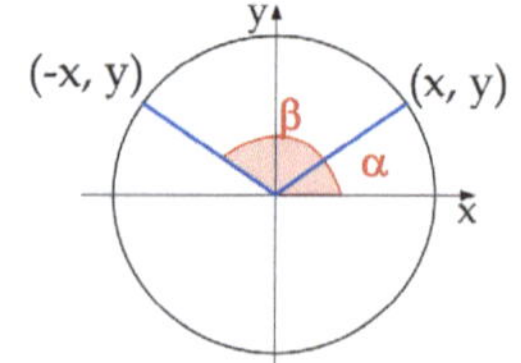

$$\operatorname{sen}(180° - \alpha) = \operatorname{sen}\alpha$$
$$\cos(180° - \alpha) = -\cos\alpha$$

Ángulos opuestos

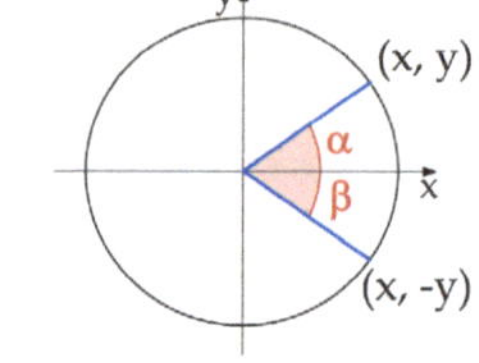

$$\operatorname{sen}(-\alpha) = -\operatorname{sen}\alpha$$
$$\cos(-\alpha) = \cos\alpha$$

Ángulos que difieren en 180°

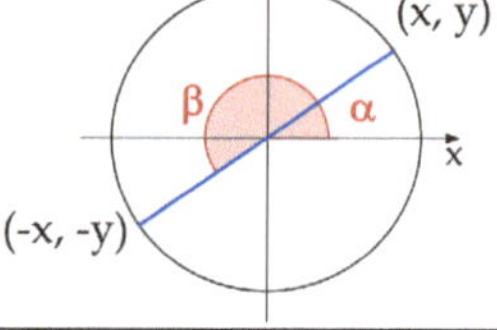

$$\operatorname{sen}(180° + \alpha) = -\operatorname{sen}\alpha$$
$$\cos(180° + \alpha) = -\cos\alpha$$

Ángulos que difieren en 90°

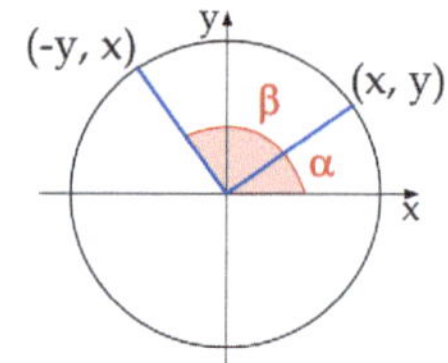

$$\operatorname{sen}(90° + \alpha) = \cos\alpha$$
$$\cos(90° + \alpha) = -\operatorname{sen}\alpha$$

Resolución de triángulos cualesquiera

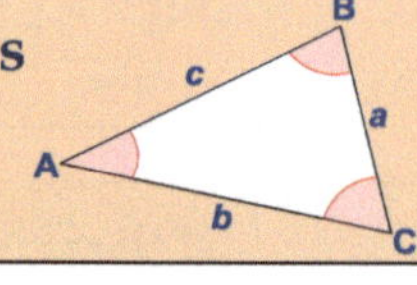

Teorema del seno	$\dfrac{a}{\operatorname{sen} A} = \dfrac{b}{\operatorname{sen} B} = \dfrac{c}{\operatorname{sen} C}$
Teorema del coseno	$a^2 = b^2 + c^2 - 2bc \cdot \cos A$ $b^2 = a^2 + c^2 - 2ac \cdot \cos B$ $c^2 = a^2 + b^2 - 2ab \cdot \cos C$
Teorema de la tangente	$\dfrac{a-b}{a+b} = \dfrac{\operatorname{tg}\left(\dfrac{A-B}{2}\right)}{\operatorname{tg}\left(\dfrac{A+B}{2}\right)}$

Circunferencia Goniométrica

Es una circunferencia de radio 1 centrada en el origen. El par de coordenadas **(x, y)** de un punto de la circunferencia son los valores del **coseno** y **seno,** respectivamente, del ángulo que forma el radio.

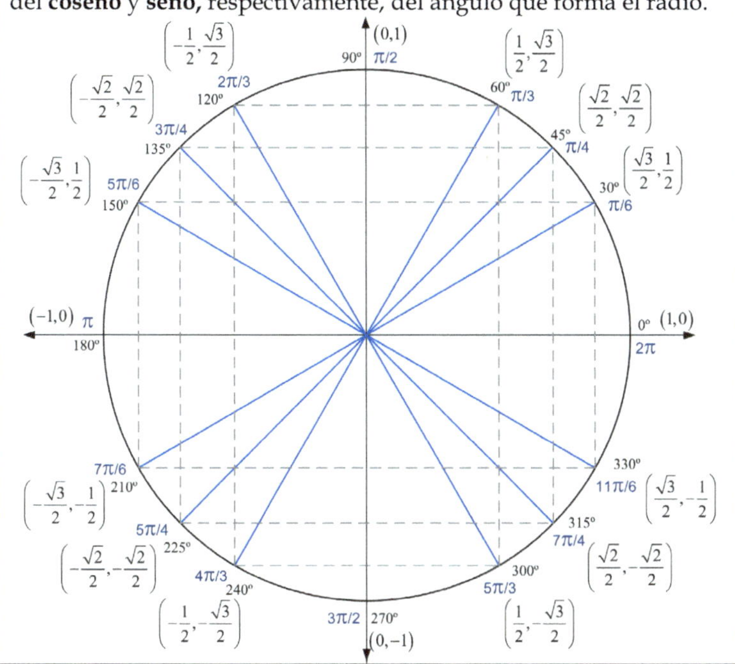

Interpretación geométrica

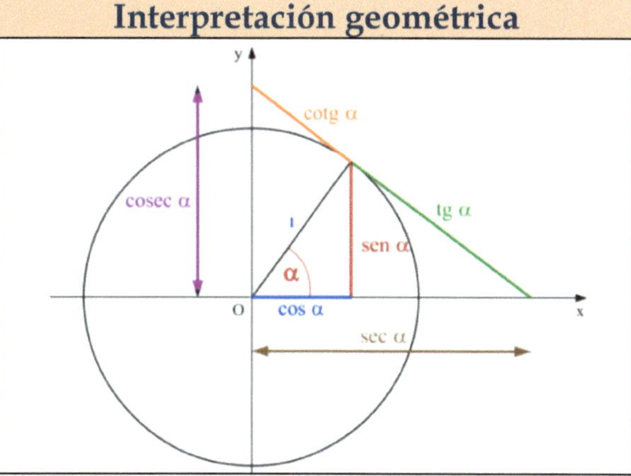

Signo de las razones trigonométricas

Razones trigonométricas de la suma

$$\operatorname{sen}(\alpha + \beta) = \operatorname{sen}\alpha \cdot \cos\beta + \operatorname{sen}\beta \cdot \cos\alpha$$

$$\cos(\alpha + \beta) = \cos\alpha \cdot \cos\beta - \operatorname{sen}\alpha \cdot \operatorname{sen}\beta$$

$$\operatorname{tg}(\alpha + \beta) = \frac{\operatorname{tg}\alpha + \operatorname{tg}\beta}{1 - \operatorname{tg}\alpha \cdot \operatorname{tg}\beta}$$

Razones trigonométricas de la diferencia

$$\operatorname{sen}(\alpha - \beta) = \operatorname{sen}\alpha \cdot \cos\beta - \operatorname{sen}\beta \cdot \cos\alpha$$

$$\cos(\alpha - \beta) = \cos\alpha \cdot \cos\beta + \operatorname{sen}\alpha \cdot \operatorname{sen}\beta$$

$$\operatorname{tg}(\alpha - \beta) = \frac{\operatorname{tg}\alpha - \operatorname{tg}\beta}{1 + \operatorname{tg}\alpha \cdot \operatorname{tg}\beta}$$

Transformación de sumas a productos

$$\operatorname{sen}A + \operatorname{sen}B = 2\operatorname{sen}\left(\frac{A+B}{2}\right) \cdot \cos\left(\frac{A-B}{2}\right)$$

$$\operatorname{sen}A - \operatorname{sen}B = 2\cos\left(\frac{A+B}{2}\right) \cdot \operatorname{sen}\left(\frac{A-B}{2}\right)$$

$$\cos A + \cos B = 2\cos\left(\frac{A+B}{2}\right) \cdot \cos\left(\frac{A-B}{2}\right)$$

$$\cos A - \cos B = -2\operatorname{sen}\left(\frac{A+B}{2}\right) \cdot \operatorname{sen}\left(\frac{A-B}{2}\right)$$

$$\operatorname{sen}^2 A - \operatorname{sen}^2 B = \operatorname{sen}(A+B) \cdot \operatorname{sen}(A-B)$$

$$\cos^2 A - \operatorname{sen}^2 B = \cos(A+B) \cdot \cos(A-B)$$

Razones del ángulo doble

$$\operatorname{sen}(2\alpha) = 2\operatorname{sen}\alpha \cdot \cos\alpha$$

$$\cos(2\alpha) = \cos^2\alpha - \operatorname{sen}^2\alpha$$

$$\operatorname{tg}(2\alpha) = \frac{2\operatorname{tg}\alpha}{1 - \operatorname{tg}^2\alpha}$$

Razones del ángulo mitad

$$\operatorname{sen}\left(\frac{\alpha}{2}\right) = \pm\sqrt{\frac{1 - \cos\alpha}{2}}$$

$$\cos\left(\frac{\alpha}{2}\right) = \pm\sqrt{\frac{1 + \cos\alpha}{2}}$$

$$\operatorname{tg}\left(\frac{\alpha}{2}\right) = \pm\sqrt{\frac{1 - \cos\alpha}{1 + \cos\alpha}}$$

Transformación de productos a sumas

$$\operatorname{sen}A \cdot \cos B = \frac{1}{2}\left[\operatorname{sen}(A+B) + \operatorname{sen}(A-B)\right]$$

$$\cos A \cdot \operatorname{sen}B = \frac{1}{2}\left[\operatorname{sen}(A+B) - \operatorname{sen}(A-B)\right]$$

$$\cos A \cdot \cos B = \frac{1}{2}\left[\cos(A+B) + \cos(A-B)\right]$$

$$\operatorname{sen}A \cdot \operatorname{sen}B = -\frac{1}{2}\left[\cos(A+B) - \cos(A-B)\right]$$

Número imaginario

Definición: El número imaginario i se define como:
$$i = \sqrt{-1}$$

Potencias del número imaginario i

$$i^1 = \sqrt{-1} = i$$
$$i^2 = \sqrt{-1} \cdot \sqrt{-1} = \sqrt{-1}^2 = -1$$
$$i^3 = i^2 \cdot i = -i$$
$$i^4 = i^2 \cdot i^2 = -1 \cdot (-1) = 1$$
$$i^5 = i^4 \cdot i = i$$
$$\ldots$$

Nótese que a partir de la 5ª potencia se repite el valor de la 1ª potencia, luego las potencias de i son cíclicas, de periodo 4. Las potencias de exponente múltiplo de 4 son iguales a 1.

Teniendo en cuenta esto, podemos calcular cualquier potencia de i. Ej.:
$$i^{19} = i^{16} \cdot i^3 = 1 \cdot i^3 = -i$$

Números complejos

Definición: Un número complejo está compuesto de una parte real y una parte imaginaria. Se denotan por la variable z

Número complejo en forma binómica: $z = a + bi$
Donde a es la parte real, y b la parte imaginaria

Número complejo en forma cartesiana o vectorial: Se denota como un par de valores (a, b) de un plano cartesiano, con eje de abscisas la recta real R, y eje de ordenadas la recta imaginaria i. $z = (a, b)$

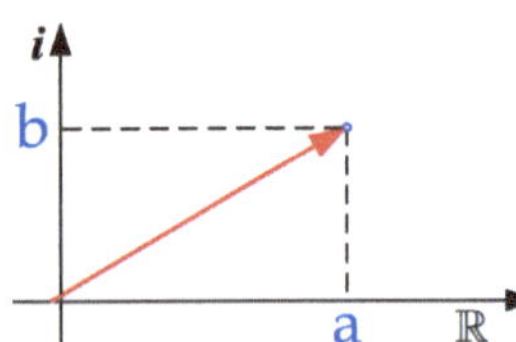

Número complejo en forma polar: Se escribe por el módulo m y el argumento, o ángulo α, que forma el vector (a,b) con el eje de abscisas; $z = m_{\underline{\alpha}}$

Donde:
$$m = \sqrt{a^2 + b^2}$$
$$\alpha = \text{arctg}\frac{b}{a}$$

Ej: $z = 3 + 4i = (3, 4)$
$$m = \sqrt{3^2 + 4^2} = 5 \qquad \alpha = \text{arctg}\frac{4}{3} = 53º \quad \Rightarrow \quad z = 5_{\underline{53º}}$$

Número complejo en forma trigonométrica: es la forma de pasar un numero complejo dado en forma polar a forma binómica: $z = m(\cos\alpha + i\,\text{sen}\,\alpha)$

Ej: $z = 5_{\underline{53º}} = 5(\cos 53º + i\,\text{sen}\,53º)$

Conjugado $\overline{z}$ de $z = a + bi$ se cambia el signo de la parte imaginaria, ej. $z = 2 - 3i \;\rightarrow\; \overline{z} = 2 + 3i$

Opuesto $-z$ de $z = a + bi$ se cambia el signo de la parte real e imaginaria, ej.
$$z = 2 - 3i \;\rightarrow\; -z = -2 + 3i$$

Operaciones en forma binómica

Suma y resta:
$$(2 + 3i) + (5 - 2i) = (2 + 5) + i(3 - 2) = (7 + i)$$

Producto: igual al producto de binomios. Se aplica $i^2 = -1$
$$(2 + 3i) \cdot (5 - 2i) = 10 - 4i + 15i - 6i^2 = 16 + 11i$$

Cociente: Se multiplica y divide por el conjugado del denominador, y se simplifica
$$\frac{(2 + 3i)}{(5 + 2i)} = \frac{(2 + 3i) \cdot (5 - 2i)}{(5 + 2i) \cdot (5 - 2i)} = \frac{16 + 11i}{5^2 - (2i)^2} = \frac{16 + 11i}{29}$$

Potencia: Se aplica el binomio de Newton
$$(a+b)^n = \binom{n}{0}a^n b^0 + \binom{n}{1}a^{n-1}b^1 + \binom{n}{2}a^{n-2}b^2 + \ldots + \binom{n}{n}a^0 b^n$$
$$(1+2i)^3 = \binom{3}{0}1^3(2i)^0 + \binom{3}{1}1^2(2i)^1 + \binom{3}{2}1^1(2i)^2 + \binom{3}{3}1^0(2i)^3 =$$
$$= 1 + 3 \cdot 2i + 3 \cdot 4i^2 + 1 \cdot 8i^3 = -11 - 2i$$

Inverso: z^{-1} se calcula haciendo la división $1/z$
$$(1 - 2i)^{-1} = \frac{1}{1 - 2i} = \frac{1 + 2i}{(1 - 2i)(1 + 2i)} = \frac{1 + 2i}{5}$$

Operaciones en forma polar

Producto:
$$m_{1\underline{\alpha_1}} \cdot m_{2\underline{\alpha_2}} = (m_1 \cdot m_2)_{\underline{\alpha_1 + \alpha_2}} \qquad 5_{\underline{53º}} \cdot 3_{\underline{17º}} = 15_{\underline{70º}}$$

Cociente:
$$\frac{m_{1\underline{\alpha_1}}}{m_{2\underline{\alpha_2}}} = \left(\frac{m_1}{m_2}\right)_{\underline{\alpha_1 - \alpha_2}} \qquad \frac{15_{\underline{53º}}}{3_{\underline{17º}}} = 5_{\underline{36º}}$$

Potencia:
$$\left(m_{\underline{\alpha}}\right)^n = m^n_{\underline{n \cdot \alpha}} \qquad \left(5_{\underline{20º}}\right)^3 = 125_{\underline{60º}}$$

Fórmula de Moivre:
$$(\cos\alpha + i\sin\alpha)^n = \cos(n\alpha) + i\sin(n\alpha)$$

Raíces: Una raíz n-ésima de un número complejo tiene n soluciones, dadas por:
$$\sqrt[n]{m_{\underline{\alpha}}} = \sqrt[n]{m}_{\underline{\frac{\alpha + 360k}{n}}} \quad \text{con} \quad k = 0, 1, 2 \ldots (n-1)$$
$$\sqrt[3]{27_{\underline{60º}}} = \left\{3_{\underline{\frac{60º + 0}{3}}}, 3_{\underline{\frac{60º + 360}{3}}}, 3_{\underline{\frac{60º + 720}{3}}}\right\} = \left\{3_{\underline{20º}}, 3_{\underline{140º}}, 3_{\underline{260º}}\right\}$$

Ecuaciones 2º grado con raíces complejas

Cuando el discriminante $b^2 - 4ac$, de una ecuación de 2º grado es negativo, no tiene soluciones reales, tendrá dos soluciones complejas conjugadas:
$$x^2 - 2x + 5 = 0$$
$$x = \frac{2 \pm \sqrt{4 - 4 \cdot 1 \cdot 5}}{2} = \frac{2 \pm \sqrt{-16}}{2} = \frac{2 \pm 4\sqrt{-1}}{2} = 1 \pm 2i$$

Vectores en el plano

Un vector $\vec{v}$ es un segmento orientado. Se designa por una pareja de coordenadas (v_x, v_y) que representan el avance en la dirección horizontal y vertical respectivamente, en el plano coordenado $\mathbb{R}^2$. Ej.: $\vec{v} = (3,2)$

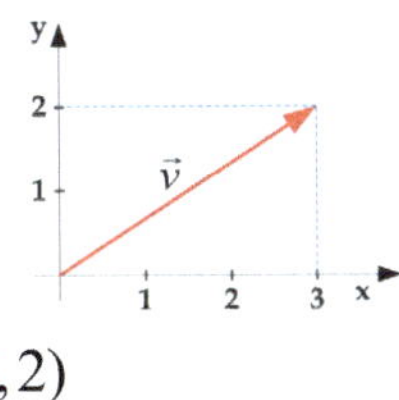

Vector entre dos puntos: dados dos puntos A y B, el vector $\overrightarrow{AB}$ es el segmento orientado que indica el avance desde el punto inicial A hasta el punto final B. Viene dado por:

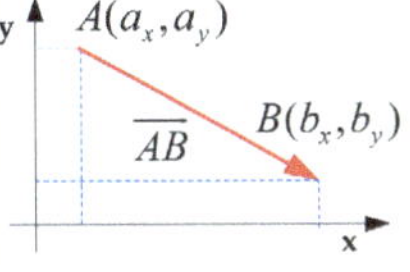

$$\overrightarrow{AB} = \left(b_x - a_x, b_y - a_y\right)$$

Módulo: es el tamaño del vector.

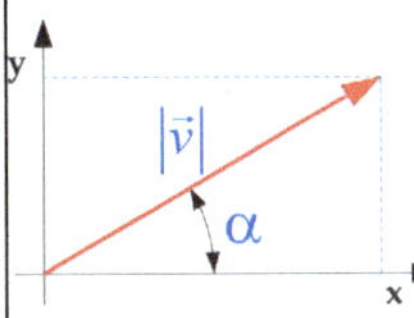

$$|\vec{v}| = \sqrt{v_x^2 + v_y^2}$$

Ángulo o argumento: es el ángulo formado con el semieje positivo de abscisas (eje X):

$$\alpha = \operatorname{arctg}\frac{v_y}{v_x}$$

Vector unitario: es un vector de módulo 1.

Normalización de un vector $\vec{u}$: es determinar otro vector unitario, $\vec{n}_u$ de la misma dirección que $\vec{u}$:

$$\vec{n}_u = \left(\frac{u_x}{|\vec{u}|}, \frac{u_y}{|\vec{u}|}\right)$$

Operaciones con vectores

Suma

Dados $\vec{u} = (u_x, u_y)$ y $\vec{v} = (v_x, v_y)$. La suma será:

$$\vec{u} + \vec{v} = (u_x + v_x, u_y + v_y)$$

Ejemplo:
$\vec{u} = (2,3);\quad \vec{v} = (2,-1)\ \Rightarrow\ \vec{u} + \vec{v} = (2+2, 3-1) = (4,2)$

Gráficamente:

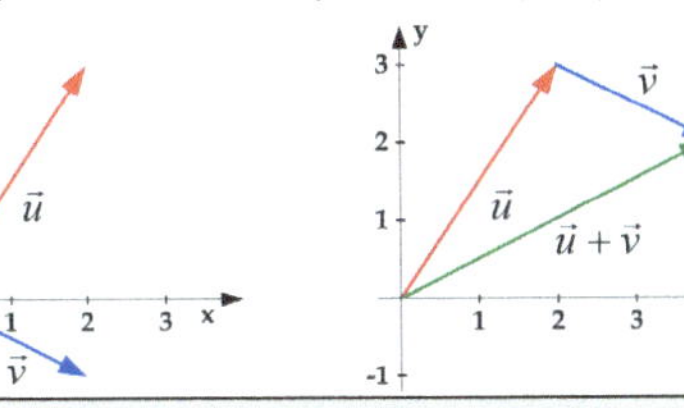

Producto de un vector por un escalar

Dado $\vec{v} = (v_x, v_y)$ y un escalar k. El producto $k \cdot \vec{v}$ es:

$$k \cdot \vec{v} = (k \cdot v_x, k \cdot v_y)$$

Ejemplo: sea
$\vec{v} = (2,1);\quad k = 2$
$2 \cdot \vec{v} = (2 \cdot 2, 2 \cdot 1) = (4,2)$
Gráficamente:

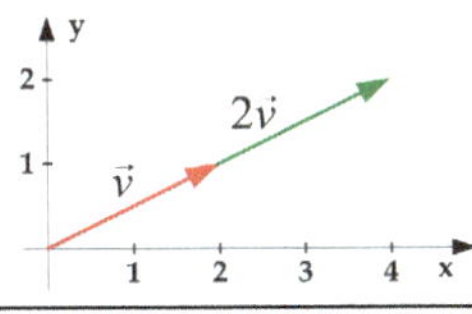

Producto escalar

Sean dos vectores $\vec{u} = (u_x, u_y)$ y $\vec{v} = (v_x, v_y)$. El producto escalar $\vec{u} \cdot \vec{v}$ es un escalar que viene dado por:

$$\vec{u} \cdot \vec{v} = u_x \cdot v_x + u_y \cdot v_y$$

Alternativamente, se puede calcular por la fórmula:

$$\vec{u} \cdot \vec{v} = |\vec{u}| \cdot |\vec{v}| \cdot \cos\alpha$$

Siendo α el ángulo formado por los dos vectores. **Ejemplo:**

$$\vec{u} = (2,3);\quad \vec{v} = (2,-1)\ \Rightarrow\ \vec{u} \cdot \vec{v} = 2\cdot 2 + 3\cdot(-1) = 1$$

Ángulo entre dos vectores:

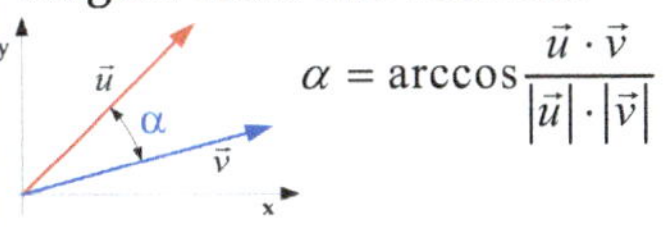

$$\alpha = \arccos\frac{\vec{u} \cdot \vec{v}}{|\vec{u}| \cdot |\vec{v}|}$$

Proyección de $\vec{u}$ sobre $\vec{v}$

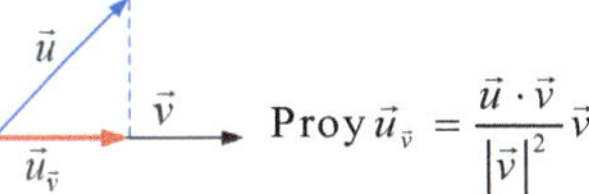

$$\operatorname{Proy}\vec{u}_{\vec{v}} = \frac{\vec{u} \cdot \vec{v}}{|\vec{v}|^2}\vec{v}$$

Vectores perpendiculares

Si $\vec{u}$ y $\vec{v}$ son normales, $\alpha = 90°$ y $\cos 90° = 0$, luego:

$$\vec{u} \cdot \vec{v} = 0$$

Dado un vector $\vec{v} = (v_x, v_y)$ podemos hallar fácilmente un vector perpendicular de la forma

$$\vec{u}_{\perp \vec{v}} = (-v_y, v_x)\ \text{o}\ (v_y, -v_x)$$

Vectores paralelos

Si dos vectores son paralelos, son proporcionales, se cumple:

$$\vec{u} = k \cdot \vec{v}\quad\text{o bien}\quad \frac{u_y}{u_x} = \frac{v_y}{v_x}$$

Problemas métricos con puntos en el plano

Distancia entre dos puntos $A(a_x, a_y)$ y $B(b_x, b_y)$: es igual al módulo del vector entre los dos puntos:

$$d(A,B) = \sqrt{\left(b_x - a_x\right)^2 + \left(b_y - a_y\right)^2} = \left|\overrightarrow{AB}\right|$$

Punto medio de un segmento: las coordenadas del punto medio de un segmento formado entre los puntos $A(a_x, a_y)$ y $B(b_x, b_y)$ vienen dadas por:

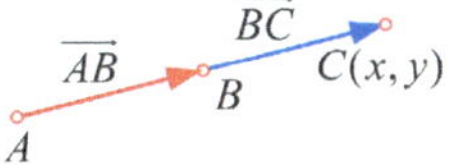

$$M = \left(\frac{a_x + b_x}{2}, \frac{a_y + b_y}{2}\right)$$

Punto simétrico de A respecto a B: dados los puntos $A(a_x, a_y)$ y $B(b_x, b_y)$, el punto $C(x,y)$ simétrico de A respecto de B debe cumplir:

$$\overrightarrow{AB} = \overrightarrow{BC}\ \Rightarrow\ \left(b_x - a_x, b_y - a_y\right) = \left(x - b_x, y - b_y\right)$$

Ejemplo. Calcular el simétrico de A(2, 3) respecto a B(1,-2)

Siendo $\overrightarrow{AB} = (-1,-5)$ y $\overrightarrow{BC} = (x-1, y+2)$ y $\overrightarrow{AB} = \overrightarrow{BC}$

$$(-1,-5) = (x-1, y+2)$$

Igualando coordenadas obtenemos x=0; y=-7, luego $C(0,-7)$

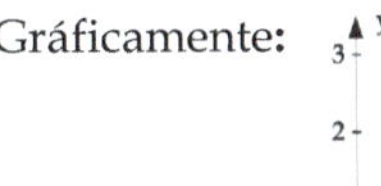

Ecuaciones de la recta

Se puede obtener la ecuación de la recta a partir de un vector **director y un punto** $\vec{v}(v_x, v_y)$, $P(x_0, y_0)$, o también conocidos **dos puntos** $P(x_0, y_0), Q(x_1, y_1)$

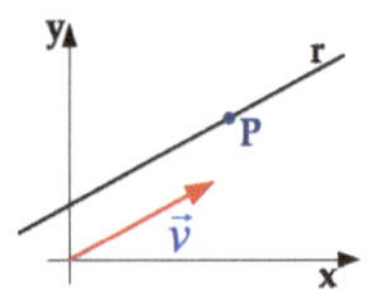 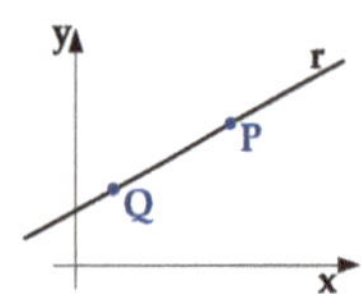

Ej.: Con $P(3,4), Q(2,2)$ obtenemos $\vec{v} = \overrightarrow{QP} = (1,2)$

A continuación, vemos las diferentes ecuaciones de la recta

Ecuación	Ejemplo
Vectorial: $(x,y) = \lambda(v_x, v_y) + (x_0, y_0)$	$(x,y) = \lambda(1,2) + (3,4)$
Paramétrica: se obtiene desglosando la anterior en sus componentes: $\begin{cases} x = \lambda \cdot v_x + x_0 \\ y = \lambda \cdot v_y + y_0 \end{cases}$	$\begin{cases} x = \lambda + 3 \\ y = 2\lambda + 4 \end{cases}$
Continua: despejamos λ en ambas ecuaciones paramétricas e igualamos: $\dfrac{y - y_0}{v_y} = \dfrac{x - x_0}{v_x}$	$\dfrac{y - 4}{2} = \dfrac{x - 3}{1}$
Punto-pendiente: Pasamos multiplicando el numerador v_y al término derecho de la ecuación, para obtener la **pendiente de la recta** $m = \dfrac{v_y}{v_x}$ $y - y_0 = m(x - x_0)$	$y - 4 = 2(x - 3)$
Explícita: despejamos y en la ecuación punto-pendiente: $y = mx + n$ Siendo $n = y_0 - mx_0$, la ordenada en el origen, es decir, el punto de corte de la recta con el eje Y	$y = 2x - 2$
Ecuación general o implícita: eliminamos denominadores en la ecuación continua y ordenamos, para obtener una ecuación de la forma: $Ax + By + C = 0$ Con pendiente $m = -\dfrac{A}{B}$ y **vector director** $\vec{v} = (-B, A)$ El **vector** $\vec{u} = (A, B)$ es **perpendicular** a la recta	$2x - y - 2 = 0$
Ecuación canónica: se obtiene a partir de los puntos de corte con los ejes: $\dfrac{x}{a} + \dfrac{y}{b} = 1$ En nuestro ejemplo a=1, b=-2, luego: $\dfrac{x}{1} + \dfrac{y}{-2} = 1$	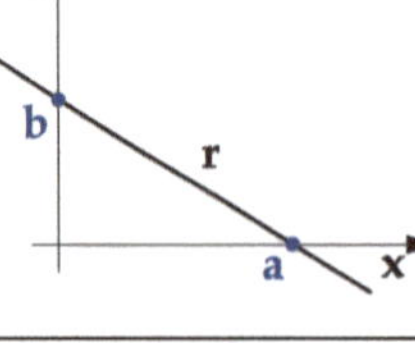

Posiciones relativas de dos rectas

Dado el sistema formado por las dos ecuaciones generales $\begin{cases} Ax + By + C = 0 \\ A'x + B'y + C' = 0 \end{cases}$

Condicion	Nº sol.	Posiciones	
$\dfrac{A}{A'} = \dfrac{B}{B'} = \dfrac{C}{C'}$	∞	Coincidentes	
$\dfrac{A}{A'} = \dfrac{B}{B'} \neq \dfrac{C}{C'}$	0	Paralelas	
$\dfrac{A}{A'} \neq \dfrac{B}{B'}$	1	Secantes	

Ángulo entre dos rectas de pendientes m₁ y m₂:	$\operatorname{tg}\alpha = \left\| \dfrac{m_1 - m_2}{1 + m_1 \cdot m_2} \right\|$

Rectas paralelas y perpendiculares

Recta	Paralela	Perpendicular
$y = mx + n$	$y = mx + n'$	$y = -\dfrac{1}{m}x + n'$
$Ax + By + C = 0$	$Ax + By + C' = 0$	$Bx - Ay + C' = 0$

Problemas métricos

Distancia de $P(x_0, y_0)$ **a una recta** $r \equiv Ax + By + C = 0$	$d(P,r) = \left\| \dfrac{Ax_0 + By_0 + C}{\sqrt{A^2 + B^2}} \right\|$

Punto de minima distancia: dada una recta de vector director $\vec{v}$, y un punto exterior a ella $P(x_0, y_0)$, el punto $Q(x,y)$ perteneciente a la recta, cuya distancia es mínima al punto P, cumple que el vector $\overrightarrow{PQ}$ es perpendicular a la recta, entonces el producto escalar es 0; $\overrightarrow{PQ} \cdot \vec{v} = 0$

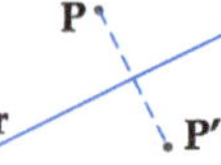

Punto simétrico de un punto P respecto una recta r:

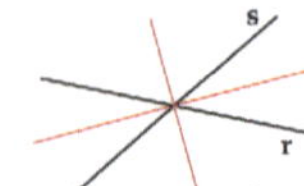

- Hallamos el punto de mínima distancia Q, de r respecto a P
- Hallar el simétrico P′ de P respecto a Q

Mediatriz de un segmento: dado el segmento AB, la mediatriz es la recta que lo divide en dos partes iguales:
- Hallamos el punto medio M del segmento
- Hallamos la recta de vector director perpendicular a $\overrightarrow{AB}$ y que pasa por M

Bisectriz: es el lugar geométrico de los puntos P(x, y) que equidistan de dos rectas **r y s**; $d(P,r) = d(P,s)$

$$\left\| \dfrac{A_1 x + B_1 y + C_1}{\sqrt{A_1^2 + B_1^2}} \right\| = \left\| \dfrac{A_2 x + B_2 y + C_2}{\sqrt{A_2^2 + B_2^2}} \right\|$$

Desglosar el valor absoluto y se hallan las 2 rectas buscadas

Circunferencia

Es el lugar geométrico de los puntos P(x, y) que equidistan de un punto llamado centro C(c_x, c_y):

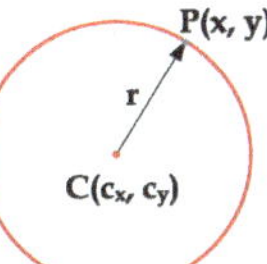

$$\left(x-c_x\right)^2+\left(y-c_y\right)^2=r^2$$

Ec. general: $x^2 + y^2 + Ax + By + C = 0$

$$\left(c_x,c_y\right)=\left(-\frac{A}{2},-\frac{B}{2}\right) \quad r^2=\left(\frac{A}{2}\right)^2+\left(\frac{B}{2}\right)^2-C$$

Ecuación canónica de la circunferencia, centro en C(0, 0):

$$x^2+y^2=r^2$$

Potencia de un punto (x_0, y_0) respecto a una circunferencia

Pot = (d^2 - r^2), siendo d la distancia del punto al centro.

O bien $Pot = x_0^2 + y_0^2 + Ax_0 + By_0 + C$

- Si **Pot > 0**, el punto es **exterior** a la circunferencia
- Si **Pot = 0**, el punto **pertenece** a la circunferencia
- Si **Pot < 0**, el punto es **interior** a la circunferencia

Posición relativa de una recta y una circunferencia

Se plantea el sistema:

$$\begin{cases} x^2 + y^2 + Ax + By + C = 0 \\ y = mx + n \end{cases}$$

- **1 solución**, recta **tangente**
- **2 soluciones**, recta **secante**
- Si es **incompatible**, la recta es **exterior**

Tangente y normal a la circunferencia en un punto $\left(x_0, y_0\right)$

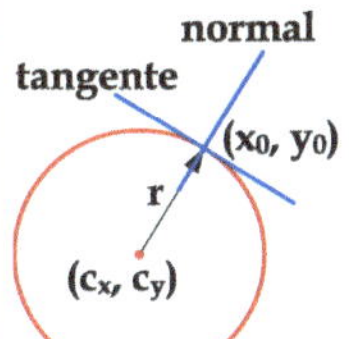

La **tangente** es perpendicular al radio:

$$y-y_0=-\frac{x_0-c_x}{y_0-c_y}\left(x-x_0\right)$$

La **normal** es paralela al radio:

$$y-y_0=\frac{y_0-c_y}{x_0-c_x}\left(x-x_0\right)$$

Parábola

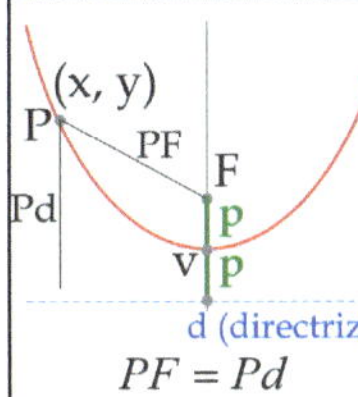

Lugar geométrico de los puntos del plano que equidistan de un punto fijo (F), llamado foco, y una recta fija, llamada directriz, d, con p distancia foco-vértice o vértice-directriz: $p = d\left(F,V\right) = d\left(V,d\right)$

$PF = Pd$

Ecuación general de la parábola:

$$Ax^2 + By^2 + Cx + Dy + E = 0 \quad \text{(A o B =0)}$$

Ecuación de la parábola de vértice (v_x, v_y)

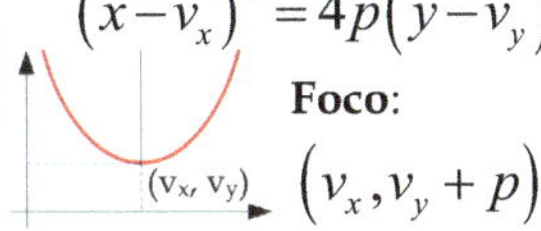

$$\left(x-v_x\right)^2=4p\left(y-v_y\right)$$

Foco: $\left(v_x,v_y+p\right)$

Directriz: $y = v_y - p$

$$\left(y-v_y\right)^2=4p\left(x-v_x\right)$$

Foco: $\left(v_x+p,v_y\right)$

Directriz: $x = v_x - p$

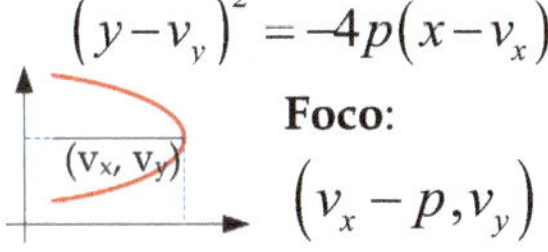

$$\left(x-v_x\right)^2=-4p\left(y-v_y\right)$$

Foco: $\left(v_x,v_y-p\right)$

Directriz: $y = v_y + p$

$$\left(y-v_y\right)^2=-4p\left(x-v_x\right)$$

Foco: $\left(v_x-p,v_y\right)$

Directriz: $x = v_x + p$

Elipse

Es el lugar geométrico de los puntos P(x, y) cuya suma de distancias a dos puntos llamados focos es constante.

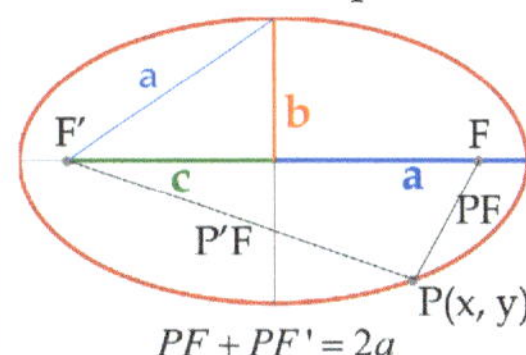

a: semieje mayor
b: semieje menor
c: semidistancia focal

$$a^2 = b^2 + c^2$$

$PF + PF' = 2a$

e: excentricidad: $e=\dfrac{c}{a}$

Ecuación general: $Ax^2 + By^2 + Cx + Dy + E = 0$

(con A y B del mismo signo)

Ecuación de la elipse centrada en el origen (0, 0)

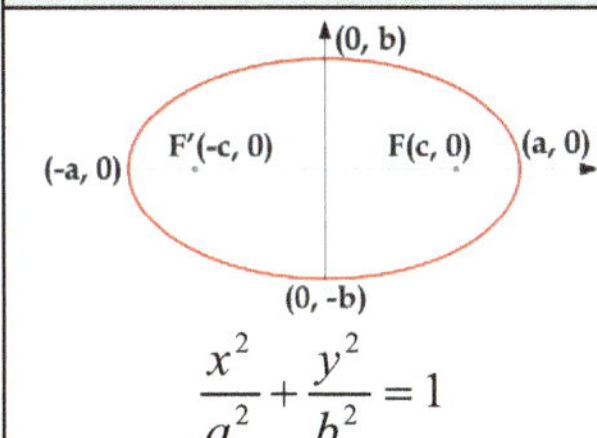

$$\frac{x^2}{a^2}+\frac{y^2}{b^2}=1$$

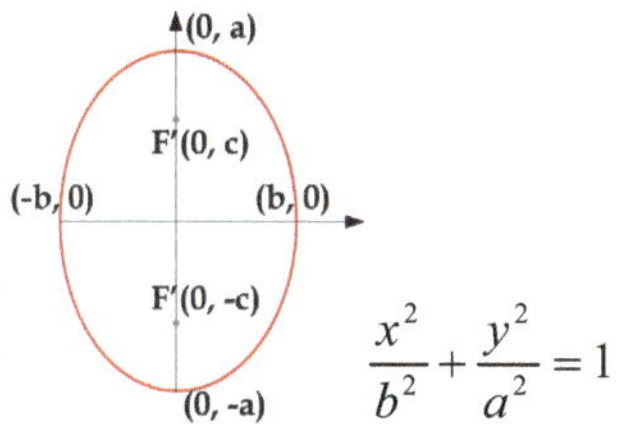

$$\frac{x^2}{b^2}+\frac{y^2}{a^2}=1$$

Ecuación de la elipse centrada en el punto C(c_x, c_y)

Horizontal	Vertical
$\dfrac{\left(x-c_x\right)^2}{a^2}+\dfrac{\left(y-c_y\right)^2}{b^2}=1$	$\dfrac{\left(x-c_x\right)^2}{b^2}+\dfrac{\left(y-c_y\right)^2}{a^2}=1$

Hipérbola

Es el lugar geométrico de los puntos P(x, y) cuya diferencia de distancias a dos puntos llamados focos es constante.

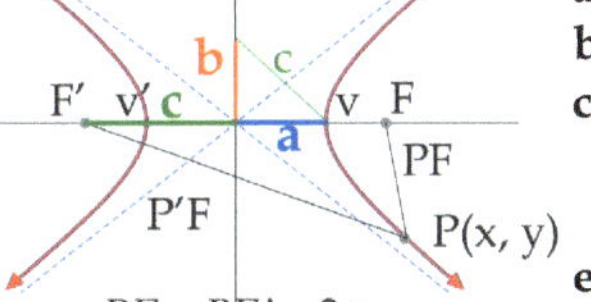

a: semieje mayor (real)
b: semieje menor (imaginario)
c: semidistancia focal

$$c^2 = a^2 + b^2$$

$PF - PF' = 2a$

e: excentricidad $e=\dfrac{c}{a}$

Ecuación general: $Ax^2 + By^2 + Cx + Dy + E = 0$

(con A y B de distinto signo)

Ecuación de la hipérbola centrada en el origen (0, 0)

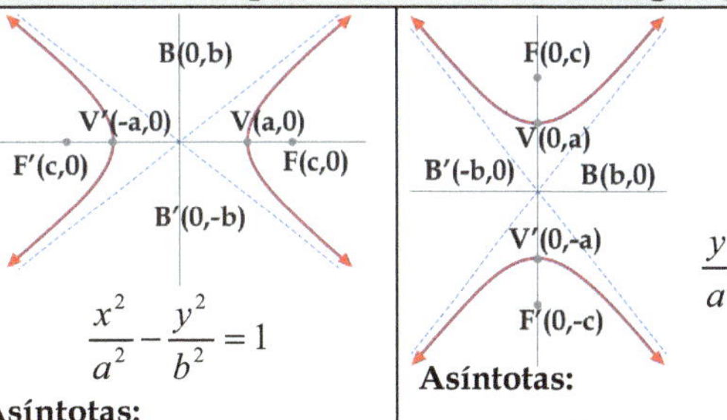

$$\frac{x^2}{a^2}-\frac{y^2}{b^2}=1$$

Asíntotas:

$$y=-\frac{b}{a}x \qquad y=\frac{b}{a}x$$

$$\frac{y^2}{a^2}-\frac{x^2}{b^2}=1$$

Asíntotas:

$$y=-\frac{a}{b}x \qquad y=\frac{a}{b}x$$

Ecuación Hipérbola equilatera, (a=b): $x^2 - y^2 = a^2$

Definición de función

Una función es una relación de x en y, que para cada valor de x le hace corresponder un único valor de $y=f(x)$.
Puede venir definida por una expresión analítica, una tabla de valores o una representación gráfica

$$y = f(x) = x^2 + 1 \qquad\qquad x^2 + y^2 = 1$$

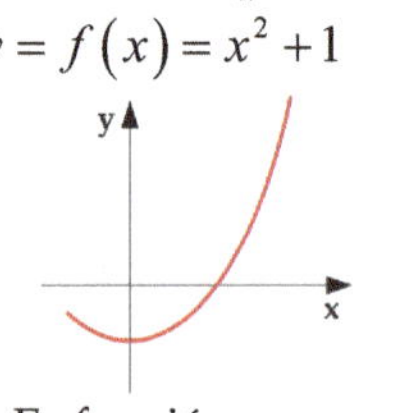

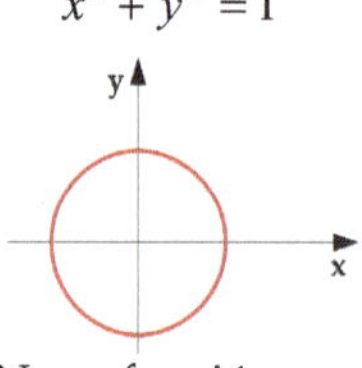

Es función   No es función

Características de una función

Dominio: Es el conjunto de valores de x que tienen imagen
$$Dom(f) = \{ x \in \mathbb{R} ; \exists y = f(x) \in \mathbb{R} \}$$
Ejemplo:
$$Dom(f) = (-\infty, 1) \cup [2, \infty)$$

Recorrido o imagen: Es el conjunto de valores que toma la variable dependiente y en todo el dominio de valores de x .
Ejemplo: $Im(f) = (-\infty, 0) \cup [1, \infty)$

Simetrías:
Simetría **Par**, cumple:
$$f(x) = f(-x)$$
Simetría **Impar** cumple:
$$f(x) = -f(-x)$$

Simetría par   Simetría impar

Periodicidad: si la función es periódica, es el intervalo de x en el que se repiten los valores de la imagen.

Puntos de corte:
Con el **eje X**: se hace y=0 y se resuelve la ecuación (puede haber varios).
Con el **eje Y**: se hace x=0 y se sustituye en la función (solo puede haber uno).

Signo de la función: detallan los intervalos de x donde la imagen de la función toma valores positivos y negativos.

Máximos y mínimos relativos: son los puntos donde la función forma figura de montaña o valle respectivamente.

Monotonía o crecimiento: se indican los intervalos de x donde la función es creciente y decreciente.

Máximos y mínimos absolutos: son los puntos donde la función toma el valor más alto o más bajo respectivamente.

Acotación: Una función está acotada si todos sus valores (su imagen) están comprendidos entre dos números reales, es decir, no tiende a infinito ni a menos infinito.

Nota: En el epígrafe **Análisis de funciones** se analiza con más detalle el estudio de las características de una función.

Ejemplo de análisis de características de una función

Dominio: $Dom(f) = (-\infty, 2] \cup (4, \infty)$

Recorrido:
$Im(f) = [-1, \infty)$

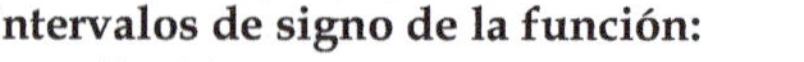

Simetrías: no tiene
Periodicidad: no tiene
Puntos de corte:
Con el eje Y: (0, 0),
Con el eje X: (0, 0), (10, 0)
Intervalos de signo de la función:
Positiva: $(-\infty, 0) \cup (0, 2] \cup (4, 8] \cup (10, \infty)$

Negativa: $(8, 10)$

Máximos y mínimos relativos:
Máximo relativo: (6, 3)
Mínimos relativos: (0, 0) (9, -1)
Monotonía:
Creciente: $(0, 2) \cup (4, 6) \cup (9, \infty)$
Decreciente: $(-\infty, 0) \cup (6, 9)$
Máximo absoluto: no tiene. **Mínimo absoluto** (9, -1)
Acotación: no es acotada

Composición de funciones

Hablamos de composición de funciones cuando sobre la imagen de una función, actúa otra función. Se denota por:
$$g(f(x)) = (g \circ f)(x)$$
Y se lee f compuesta con g.
Para calcular la función f compuesta con g, en cada "x" de la función g, ponemos la función f. Ejemplo:
$$g(x) = x^2 + 2x; \qquad f(x) = \sqrt{x}$$
$$(g \circ f)(x) = \left(\sqrt{x}\right)^2 + 2\left(\sqrt{x}\right) = x + 2\sqrt{x}$$
La composición de funciones no es conmutativa:
$$(g \circ f)(x) \neq (f \circ g)(x)$$

Inversa de una función

La inversa de una función, se denota por f^{-1} , si la tiene, se calcula siguiendo los siguientes pasos:
1. Intercambiamos x por y en la expresión analítica
2. Despejamos y. que representa la función inversa.
3. Comprobamos si la inversa es correcta. Se debe cumplir:
$$\left(f \circ f^{-1}\right) = \left(f^{-1} \circ f\right) = x$$

Ejemplo: inversa de $f(x) = y = 2x + 1$

$$x = 2y + 1 \quad \Rightarrow \quad y = \frac{x-1}{2} = f^{-1}(x)$$

Comprobamos:

$$\left(f^{-1} \circ f\right) = \frac{(2x+1) - 1}{2} = x$$

La recta

La recta es una función polinómica de 1° grado.
La ecuación explícita de la recta tiene la forma:

$$y = mx + n$$

Donde
- **n:** ordenada en el origen (punto de corte en el eje Y).
- **m:** pendiente, que se calcula, conocidos dos puntos (x_1, y_1) y (x_2, y_2) como:

$$m = \frac{y_2 - y_1}{x_2 - x_1}$$

Para representarla, damos dos puntos, por ej. los puntos de corte con los ejes, tomando 0 para la x y 0 para la y.

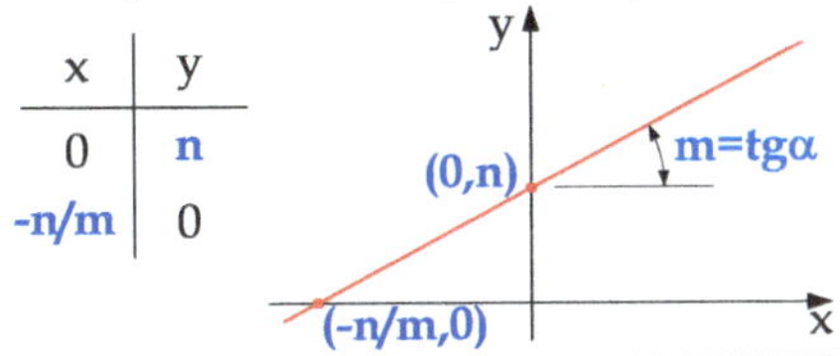

Casos especiales

Recta horizontal: Tiene la ecuación del tipo:

$$y = n$$

Recta vertical: Tiene la ecuación del tipo:

$$x = k$$

Recta que pasa por el origen:
Tiene la ecuación del tipo:

$$y = mx$$

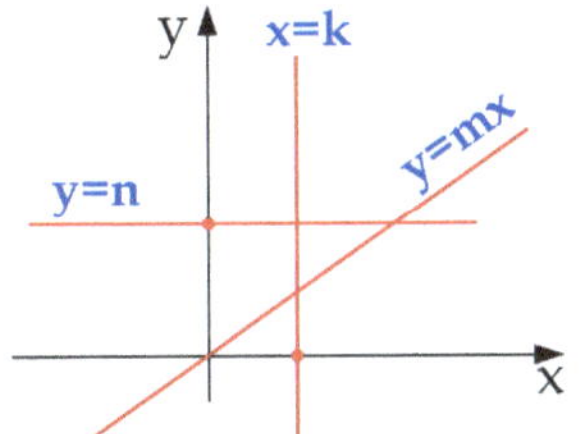

Ecuación de la recta. Interpolación lineal

Dados dos puntos (x_1, y_1) (x_2, y_2), la ecuación de la recta que los une viene dada por:

$$y - y_1 = \frac{y_2 - y_1}{x_2 - x_1} \cdot (x - x_1)$$

La interpolación lineal consiste en, dados dos puntos, encontrar un tercero situado entre ambos, suponiendo que la relación entre las variables es lineal.

Ejemplo: Sabiendo que una carrera en taxi de 5km nos cuesta 16€, y una de 12 km cuesta 30€. Calcular lo que costaría un viaje de 10 km en taxi.

La función que buscamos, y, es el precio del viaje, en función de los kilómetros, x. Sabemos dos puntos de esta función: (5, 16) y (12, 30). Aplicando la fórmula:

$$y - 16 = \frac{30 - 16}{12 - 5} \cdot (x - 5)$$

Simplificando se obtiene:

$$y = 2x + 6$$

Para encontrar el valor pedido, cuánto cuesta un viaje de x=10 km, basta con sustituir en la expresión hallada

$$y = 2 \cdot 10 + 6$$

El precio de recorrer 10 km será $y = 26 \; €$

La parábola

Es una función polinómica de 2° grado de la forma:

$$y = ax^2 + bx + c$$

- Dominio: $Dom = \mathbb{R}$
- Si **a > 0:** la parábola es **cóncava,** $\cup$ (concava hacia arriba), tiene un mínimo en el vértice
- Si **a < 0:** la parábola es **convexa,** $\cap$ (concava hacia abajo), tiene un máximo en el vértice
- La coordenada x del **vértice** viene dada por:

$$x_v = -\frac{b}{2a}$$

- El **término independiente c**, es la ordenada en el origen (punto de corte en el eje Y)

Para representarla tomaremos los puntos de corte con los ejes y el vértice

x	y	
0	...	Corte eje Y
...	0	Corte eje X
...	0	Corte eje X
$-\dfrac{b}{2a}$	...	Vértice

Interpolación cuadrática

Dados tres puntos (x_1, y_1) (x_2, y_2) (x_3, y_3), la ecuación de la parábola que los une se determina resolviendo el sistema:

$$\begin{cases} ax_1^2 + bx_1 + c = y_1 \\ ax_2^2 + bx_2 + c = y_2 \\ ax_3^2 + bx_3 + c = y_3 \end{cases}$$

Donde las incógnitas a determinar son los parámetros de la parábola; a, b, c

Función racional

Las funciones racionales son de la forma:

$$f(x) = \frac{P(x)}{Q(x)}$$

Donde P(x) y Q(x) son polinomios
- Dominio: $Dom = \mathbb{R} - \{Q(x) = 0\}$
- Tiene **asíntotas:**
  - **Verticales**: En las raíces del denominador que no lo sean también del numerador.
  - **Horizontales**: Si grado P(x) $\leq$ grado Q(x)
  - **Oblicuas**: Si grado P(x) = grado Q(x)+1

Función de proporcionalidad inversa

$$f(x) = \frac{k}{x} \; \text{ con } k \neq 0$$

Tiene las siguientes características:
- Dominio $Dom = \mathbb{R} - \{0\}$,
- No tiene corte con los ejes
- Asíntota vertical en **x=0**
- Asíntota horizontal en **y=0**

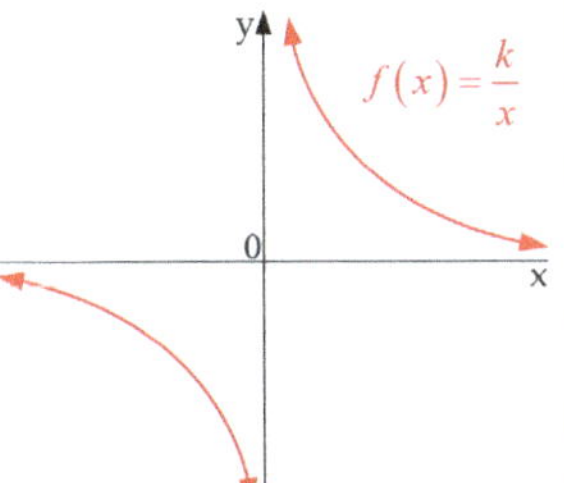

Función irracional

Son de la forma: $y = \sqrt[n]{f(x)}$

- **Si n es par:** El dominio será el intervalo que cumple:
$$f(x) \geq 0$$
- **Si n es impar:** $Dom = \mathbb{R}$

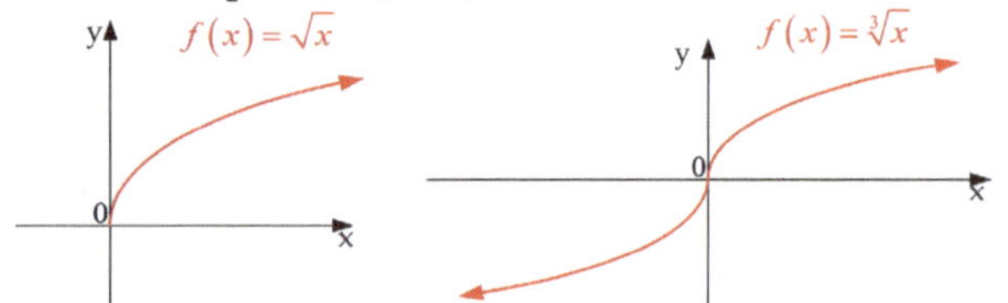

Función seno y coseno

La **función seno:** $f(x) = \operatorname{sen} x$

Tiene las siguientes características:
- Dominio $Dom = \mathbb{R}$
- Periódica de periodo $P = 2\pi$
- Corte con el eje Y en (0, 0)
- Corte con el eje X: $x = k\pi \quad (k \in \mathbb{Z})$
- Máximos relativos: $x = \pi/2 + 2k\pi \quad (k \in \mathbb{Z})$
- Mínimos relativos: $x = 3\pi/2 + 2k\pi \quad (k \in \mathbb{Z})$

La **función coseno:** $f(x) = \cos x$

Tiene las siguientes características:
- Dominio $Dom = \mathbb{R}$
- Periódica de periodo $P = 2\pi$
- Corte con el eje Y en (0, 1)
- Corte con el eje X: $x = \pi/2 + k\pi \quad (k \in \mathbb{Z})$
- Máximos relativos: $x = 2k\pi \quad (k \in \mathbb{Z})$
- Mínimos relativos: $x = \pi + 2k\pi \quad (k \in \mathbb{Z})$

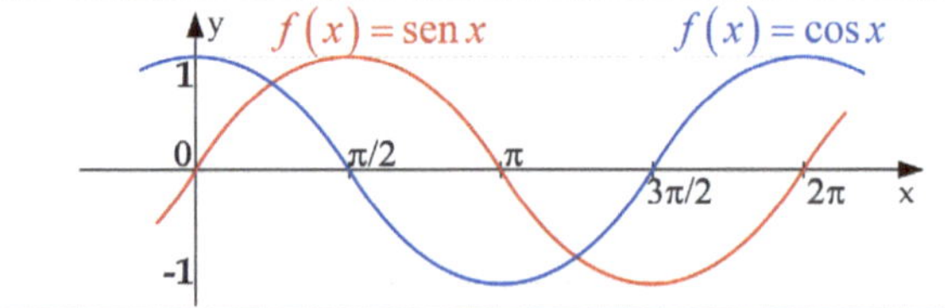

La función tangente

La **función tangente**: $f(x) = \operatorname{tg} x$

Tiene las siguientes características:
- $Dom = \mathbb{R} - \{\pi/2 + k\pi\} \quad (k \in \mathbb{Z})$
- Periodo. $P = \pi$
- No tiene máximos ni mínimos.
- Asíntotas verticales:
$$x = \pi/2 + k\pi \quad (k \in \mathbb{Z})$$

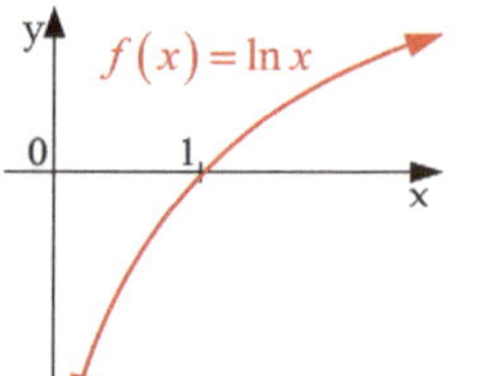

Función logarítmica

La funcion logaritmo natural $f(x) = \ln x$, o de forma general, cualquier función logarítmica $f(x) = \log_b x$

- $Dom = (0, \infty)$
- Corte con el eje X (1,0)
- Asíntota vertical en x=0

Función exponencial

La función exponencial natural, $f(x) = e^x$, o en general $f(x) = a^x$, es la inversa de la función logarítmica.

- Dominio $Dom = \mathbb{R}$
- Corte con el eje Y (0, 1)
- Asíntota horizontal y=0

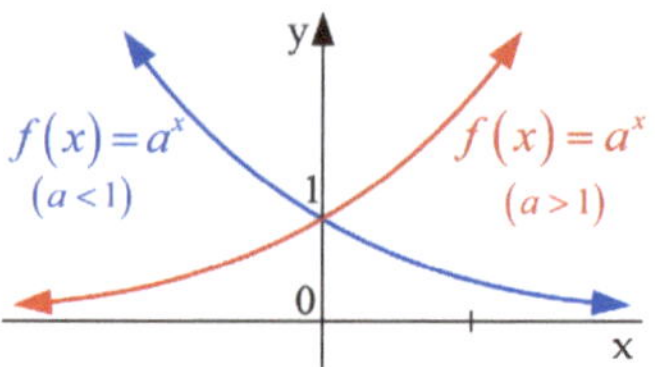

Funciones definidas a trozos

Una **función definida a trozos** es una función con distinto comportamiento según el intervalo de su variable independiente. **Ejemplo**:

$$f(x) = \begin{cases} x^2 + 4x + 3 & x < 0 \\ x + 3 & x \geq 0 \end{cases}$$

En el intervalo $(-\infty, 0)$ f(x) es la parábola: $y = x^2 + 4x + 3$.

En el intervalo $[0, \infty)$ f(x) es la recta: $y = x + 3$. Cada rama se dibuja estudiando sus características correspondientes:

x	aplica	y	
−3		0	Corte eje X
−2	$x^2 + 4x + 3$	−1	Vértice
−1		0	Corte eje X
0^-		3	Corte eje Y
0	$x + 3$	3	
2		5	

Función valor absoluto

Funciones con valor absoluto: Se transforma en una función definida a trozos: Hallamos las raíces del término entre valor absoluto, y su cuadro de signos. Los intervalos de signo negativo de este se multiplican por -1. Ej.:

$$f(x) = 3x + |x^2 - 4| \implies x^2 - 4 = 0 \implies x = -2;\ x = 2$$

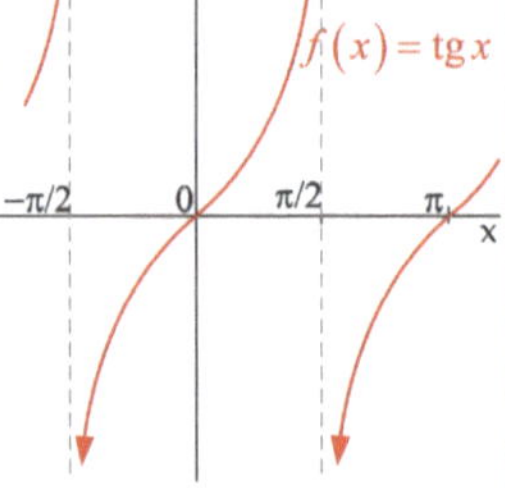

$$f(x) = \begin{cases} 3x + (x^2 - 4) & si \quad x \leq -2 \\ 3x - (x^2 - 4) & si \quad -2 < x < 2 \\ 3x + (x^2 - 4) & si \quad x \geq 2 \end{cases}$$

Operaciones con ∞ y 0

$$\frac{0}{k}=0 \qquad \frac{\infty}{0}=\infty \qquad 0^k=\begin{cases} 0 & si\ k>0 \\ \infty & si\ k<0 \end{cases}$$

$$\frac{k}{0}=\pm\infty\ \ IND \qquad \frac{0}{0}=IND \qquad k^{\infty}=\begin{cases} \infty & si\ k>1 \\ 0 & si\ 0<k<1 \end{cases}$$

$$\frac{k}{\infty}=0 \qquad \frac{\infty}{\infty}=IND \qquad 0^{\infty}=0$$

$$\frac{\infty}{k}=\infty \qquad \infty-\infty=IND \qquad 0^0=IND$$

$$\qquad\qquad\qquad k\cdot\infty=\infty \qquad \infty^0=IND$$

$$\frac{0}{\infty}=0 \qquad \infty\cdot\infty=\infty$$

$$\qquad\qquad\qquad 0\cdot\infty=IND \qquad 1^{\infty}=IND$$

Comparación de órdenes de infinitos

Los límites de funciones en el infinito se pueden aproximar a funciones más sencillas teniendo en cuenta las siguientes reglas de comparación de grados

- Dadas dos funciones exponenciales de base mayor que 1, la de mayor base es un infinito de orden superior.
- Una función exponencial de base mayor que 1 es un infinito de mayor orden que una función potencial.
- Dadas dos potencias de x, la de mayor exponente es un infinito de orden superior.
- Las potencias de x son infinitos de orden superior a las funciones logarítmicas.
- Dos polinomios del mismo grado o dos exponenciales de la misma base son infinitos del mismo orden.

$$x^x \gg k^x \gg x^a \gg \log x$$

Infinitésimos equivalentes

En los límites cuando x→0, se pueden utilizar las siguientes aproximaciones:

$$\lim_{x\to0} x \sim \lim_{x\to0}\operatorname{sen}x \sim \lim_{x\to0}\operatorname{tg}x \sim \lim_{x\to0}\operatorname{arcsen}x \sim \lim_{x\to0}\operatorname{arctg}x$$

$$\lim_{x\to0} e^x \sim \lim_{x\to0}(1+x) \qquad \lim_{x\to0}\cos x \sim \lim_{x\to0}\left(1-\frac{x^2}{2}\right)$$

$$\lim_{x\to1}\ln x \sim \lim_{x\to1}(x-1) \sim \lim_{x\to1}\operatorname{sen}(x-1)$$

Indeterminación del tipo $\frac{k}{0}$

Se resuelve hallando los límites laterales. Las soluciones serán ±∞, y se dibujan en una asíntota vertical. Ej.:

$$\lim_{x\to2}\frac{2}{x-2}=\frac{2}{0}$$

Hallamos los límites laterales:

$$\lim_{x\to2^-}\frac{2}{x-2}=\frac{2}{0^-}=-\infty$$

$$\lim_{x\to2^+}\frac{2}{x-2}=\frac{2}{0^+}=+\infty$$

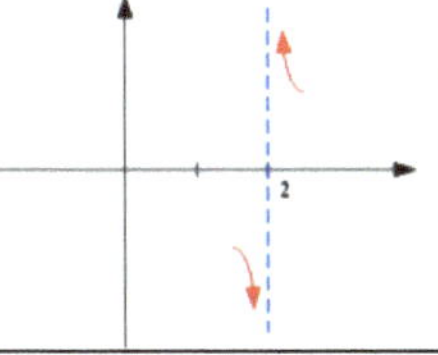

Indeterminación del tipo $\frac{0}{0}$

Se resuelve factorizando y simplificando. Si tenemos raíces habrá que multiplicar y dividir por el conjugado para eliminar las raíces previamente y poder factorizar. Ej.:

$$\lim_{x\to2}\frac{x^2-4}{x^2-3x+2}=\frac{0}{0}$$

Factorizamos, simplificamos y aplicamos el límite:

$$\lim_{x\to2}\frac{(x+2)(x-2)}{(x-2)(x-1)}=\lim_{x\to2}\frac{x+2}{x-1}=4$$

Indeterminación del tipo $\frac{\infty}{\infty}$

Método 1: Se divide numerador y denominador por la potencia de x de mayor grado.
¡OJO! Si hay polinomios dentro de raíces cuadradas, el grado es la mitad. Ej.:

$$\lim_{x\to\infty}\frac{\sqrt{x^4-1}}{x^2-2}=\frac{\infty}{\infty}$$

Resolvemos dividiendo por x^2:

$$\lim_{x\to\infty}\frac{\dfrac{\sqrt{x^4-1}}{x^2}}{\dfrac{x^2-2}{x^2}}=\lim_{x\to\infty}\frac{\sqrt{\dfrac{x^4}{x^4}-\dfrac{1}{x^4}}}{\dfrac{x^2}{x^2}-\dfrac{2}{x^2}}=\frac{\sqrt{1-0}}{1-0}=1$$

Método 2: Se resuelve aproximando cada polinomio en la expresión despreciando los términos de menor grado y simplificando. Ej.:

$$\lim_{x\to\infty}\frac{\sqrt{x^4-1}}{x^2-2}\approx\lim_{x\to\infty}\frac{\sqrt{x^4}}{x^2}=\lim_{x\to\infty}\frac{x^2}{x^2}=1$$

Método 3: Por comparación de órdenes de infinitos: ver el recuadro adjunto en esta página.

Indeterminación del tipo ∞-∞

Método 1: Si tenemos fracciones algebraicas, se operan y nos quedará una indeterminación de las anteriores; ∞/∞ o k/0. Se actuará como convenga
   - Si hay **expresiones irracionales**, multiplicamos y dividimos por el conjugado. Operando, obtendremos una indeterminación de las anteriores.

Método 2: Por comparación de órdenes de infinitos: ver el recuadro anterior. Gana el infinito de mayor orden.

Indeterminación del tipo 1^{∞}

Se aplica la fórmula siguiente, donde el exponente resultará en una indeterminación de las anteriores.

$$\lim_{x\to k}f(x)^{g(x)}=e^{\lim_{x\to k}g(x)\cdot[f(x)-1]}$$

Funciones continuas

Continuidad en un punto: Una función es continua en un punto x=a si se cumplen las siguientes condiciones:

- Existe la imagen de a, es decir, $\exists\, f(a)$

- Existe el límite y es finito para x=a, lo cual implica que los límites laterales coinciden:

$$\lim_{x \to a^-} f(x) = \lim_{x \to a^+} f(x) = k$$

- Ambas condiciones coinciden, es decir, se cumple:

$$\lim_{x \to a^-} f(x) = \lim_{x \to a^+} f(x) = f(a)$$

Continuidad de una función: Se dice que una función es continua, si lo es en todos los puntos de su domino.

Estudio de la continuidad

Para estudiar la continuidad de una función debemos seguir los siguientes pasos:

1. **Determinar los posibles puntos de discontinuidad:** siguiendo estas consideraciones:
   a. En las **funciones definidas a trozos**, estudiaremos los puntos de cambio de función.
   b. En las **funciones racionales**, estudiaremos los puntos que anulan el denominador.
   c. De forma general estudiaremos los puntos de los **extremos de cada intervalo del dominio** y los **puntos de no existencia** del dominio.

2. Para cada punto x=a de posible discontinuidad calcularemos $\lim_{x \to a^-} f(x)$; $\lim_{x \to a^+} f(x)$; $f(a)$

3. La función es continua en x=a si cumple:

$$\lim_{x \to a^-} f(x) = \lim_{x \to a^+} f(x) = f(a)$$

4. Si la función no es continua en x=a, **clasificaremos la discontinuidad** según el cuadro adjunto:

Ejemplo. Estudiar la continuidad de la función:

$$f(x) = \begin{cases} \dfrac{1}{x-1} & x < 0 \\[2mm] \dfrac{2}{x-2} & 0 \le x \end{cases}$$

1. Estudiaremos la continuidad en x=0 (cambio de función) y en x=2 (anula el denominador de la 2ª función). No es necesario estudiar x=1, porque, aunque anula el denominador de la 1ª función, no pertenece a su intervalo de definición.

2. Calculamos los límites y la imagen de cada punto:

Estudio de la continuidad en x=0

$$\lim_{x \to 0^-} \frac{1}{x-1} = -1 \qquad \lim_{x \to 0^+} \frac{2}{x-2} = -1 \qquad f(0) = -1$$

Estudio de la continuidad en x=2

$$\lim_{x \to 2^-} \frac{2}{x-2} = -\infty \qquad \lim_{x \to 2^+} \frac{2}{x-2} = +\infty \qquad f(2) = \not\exists$$

3. La función es continua en x=0
4. La función tiene una discontinuidad asintótica en x=2

Clasificación de discontinuidades

Discontinuidad evitable

Existen los límites laterales y son finitos e iguales.

• No existe imagen f(a):	• Existe imagen f(a) pero no coincide con los límites:
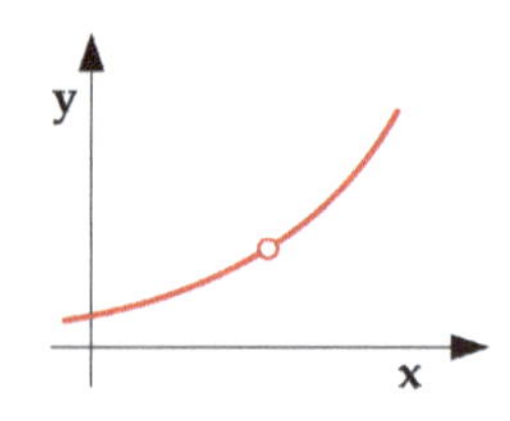	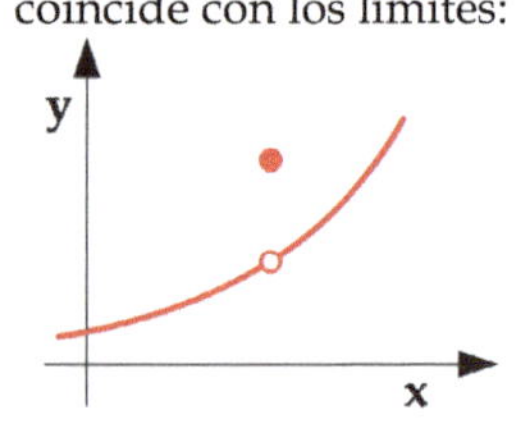

Discontinuidad inevitable o esencial

De primera especie:

- **De salto finito:** los liímites laterales existen y son finitos pero diferentes:

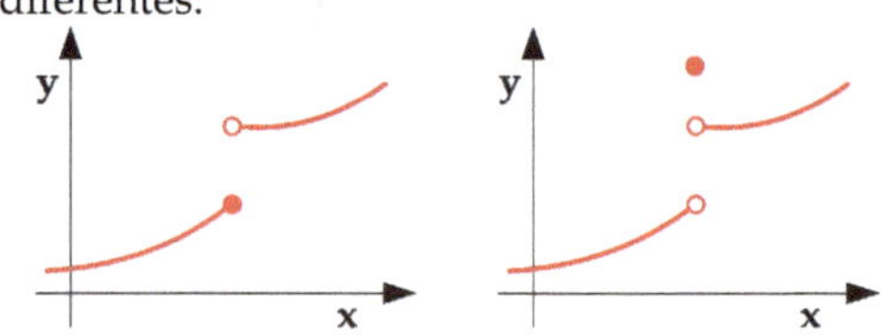

- **De salto infinito:** uno de los liímites laterales es finito y el otro infinito:

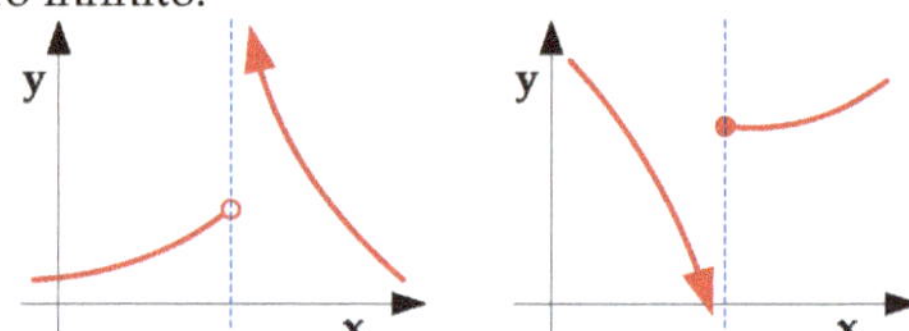

- **Asintótica:** los dos límites laterales son infinitos:

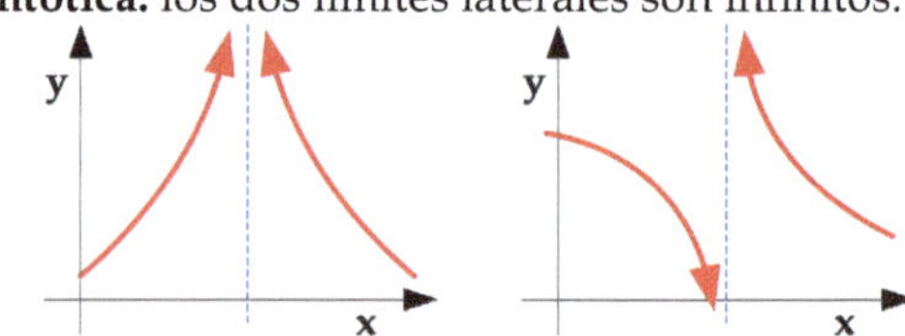

De segunda especie: No existe alguno de los límites laterales:

Ejemplo:

$$f(x) = \begin{cases} 0 & x \le 0 \\[2mm] \mathrm{sen}\left(\dfrac{1}{x}\right) & x > 0 \end{cases}$$

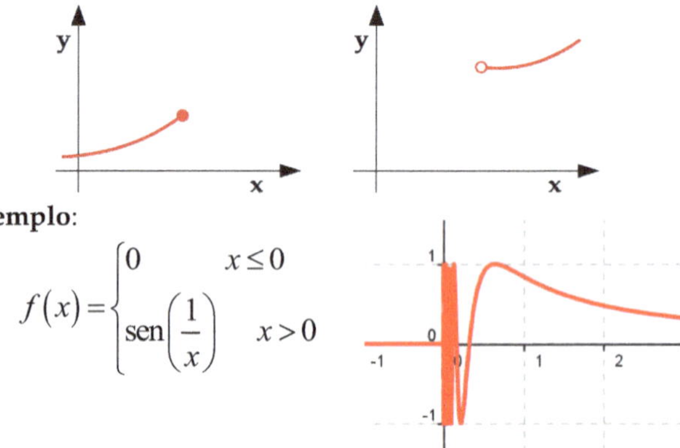

Asíntotas verticales

Asíntotas Verticales: Se estudian los límites laterales en los puntos de discontinuidad, o no existencia, y en los extremos del dominio

$$\lim_{x \to a^-} f(x) = \pm\infty \qquad y \qquad \lim_{x \to a^+} f(x) = \pm\infty$$

La asíntota vertical tiene la expresión $x = a$

Ejemplo:

$$f(x) = \frac{2x}{x-2} \quad \Rightarrow \quad Dom = \mathbb{R} - \{2\}$$

$$\lim_{x \to 2^-} \frac{2x}{x-2} = -\infty$$

$$\lim_{x \to 2^+} \frac{2x}{x-2} = +\infty$$

Asíntota: $x = 2$

Asíntotas horizontales

Asíntotas Horizontales: Tendremos asíntotas horizontales cuando existen los límites infinitos de la función:

$$\lim_{x \to \pm\infty} f(x) = k$$

En **funciones racionales polinómicas** tendremos asíntota horizontal si el grado del numerador es igual o menor que el grado del denominador.

La asíntota horizontal tiene la expresión $y = k$

Ejemplo:

$$f(x) = \frac{2x}{x-2}$$

$$\lim_{x \to +\infty} \frac{2x}{x-2} = 2$$

$$\lim_{x \to -\infty} \frac{2x}{x-2} = 2$$

Asíntota: $y = 2$

Asíntotas oblicuas

Asíntotas Oblicuas: Tendremos asíntotas oblicuas cuando el siguiente límite es finito:

$$\lim_{x \to \pm\infty} \frac{f(x)}{x} = m$$

En funciones racionales polinómicas tendremos asíntota oblicua si el grado del numerador es igual al grado del denominador + 1.

Tiene la expresión de una recta: $y = mx + n$, **dónde:**

$$m = \lim_{x \to \pm\infty} \frac{f(x)}{x} \qquad n = \lim_{x \to \pm\infty} \left(f(x) - mx \right)$$

Ejemplo:

$$f(x) = \frac{x^2 - x}{x - 3}$$

$$m = \lim_{x \to \pm\infty} \frac{f(x)}{x} = \lim_{x \to \pm\infty} \frac{x^2 - x}{x^2 - 3x} = 1$$

$$n = \lim_{x \to \pm\infty} f(x) - x = \lim_{x \to \pm\infty} \frac{x^2 - x - x^2 + 3x}{x - 3} = 2$$

Asíntota: $y = x + 2$

Las asíntotas horizontales y oblicuas son excluyentes, es decir si existe una asíntota de un tipo, no habrá del otro.

Ramas parabólicas

Ramas parabólicas: Tendremos ramas parabólicas cuando:

$$\lim_{x \to \pm\infty} \frac{f(x)}{x} = \infty$$

Ejemplo:

$$f(x) = x^3 - 1$$

$$\lim_{x \to \pm\infty} \frac{f(x)}{x} = \lim_{x \to \pm\infty} \frac{x^3 - 1}{x} = \infty$$

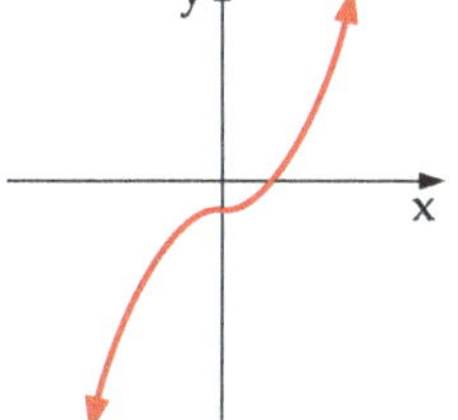

Criterio de asíntotas para funciones racionales

En una función racional polinómica es fácil determinar qué tipo de asíntotas va a tener con solo inspeccionar el dominio de la función y los grados de los polinomios del numerador y denominador.

Por un lado, **los puntos de no existencia**, o puntos que anulan el denominador, son puntos **de asíntota vertical.**

Por otro lado, las **asíntotas horizontales y oblicuas** siguen el siguiente criterio:

- Si **grado numerador < grado denominador**, hay asíntota horizontal en **y=0**
- Si **grado numerador = grado denominador**, hay asíntota **horizontal** en **y=k,** que se determina en el límite infinito como se ha visto antes:

$$\lim_{x \to \pm\infty} f(x) = k$$

- Si **grado numerador = grado denominador + 1**, hay asíntota **oblicua**
- Si **grado numerador > grado denominador + 1**, no hay asíntota horizontal ni oblicua. Habrá rama parabólica.

Reglas de derivación			
$y = K$	$y' = 0$	$y = f(x) \cdot g(x)$	$y' = f'(x) \cdot g(x) + f(x) \cdot g'(x)$
$y = f(x) + g(x)$	$y' = f'(x) + g'(x)$	$y = \dfrac{f(x)}{g(x)}$	$y' = \dfrac{f'(x) \cdot g(x) - f(x) \cdot g'(x)}{\left[g(x) \right]^2}$
$y = K \cdot f(x)$	$y' = K \cdot f'(x)$	$y = f \circ g(x) = f\left(g(x) \right)$	$y' = \dfrac{dy}{dx} = \dfrac{df}{dg} \cdot \dfrac{dg}{dx}$

Fórmulas de derivación			
Función simple		**Función compuesta**	
$y = x$	$y' = 1$		
$y = x^n$	$y' = n \cdot x^{n-1}$	$y = f^n$	$y' = n \cdot f^{n-1} \cdot f'$
$y = \dfrac{1}{x}$	$y' = -\dfrac{1}{x^2}$	$y = \dfrac{1}{f}$	$y' = -\dfrac{f'}{f^2}$
$y = \sqrt{x}$	$y' = \dfrac{1}{2\sqrt{x}}$	$y = \sqrt{f}$	$y' = \dfrac{f'}{2\sqrt{f}}$
$y = \sqrt[n]{x}$	$y' = \dfrac{1}{n \cdot \sqrt[n]{x^{n-1}}}$	$y = \sqrt[n]{f}$	$y' = \dfrac{f'}{n \cdot \sqrt[n]{f^{n-1}}}$
$y = e^x$	$y' = e^x$	$y = e^f$	$y' = f' \cdot e^f$
$y = a^x$	$y' = a^x \cdot \ln a$	$y = a^f$	$y' = f' \cdot a^f \cdot \ln a$
$y = x^x$	$y' = x^x \left(1 + \ln x \right)$	$y = f^g$	$y' = f^g \cdot g' \cdot \ln f + f^{g-1} \cdot g \cdot f'$
$y = \ln x$	$y' = \dfrac{1}{x}$	$y = \ln f$	$y' = \dfrac{f'}{f}$
$y = \log_a x$	$y' = \dfrac{1}{x \cdot \ln a}$	$y = \log_a f$	$y' = \dfrac{f'}{f \cdot \ln a}$
$y = \operatorname{sen} x$	$y' = \cos x$	$y = \operatorname{sen} f$	$y' = f' \cdot \cos f$
$y = \cos x$	$y' = -\operatorname{sen} x$	$y = \cos f$	$y' = -f' \cdot \operatorname{sen} f$
$y = \operatorname{tg} x$	$y' = \dfrac{1}{\cos^2 x} = 1 + \operatorname{tg}^2 x$	$y = \operatorname{tg} f$	$y' = \dfrac{f'}{\cos^2 f}$
$y = \operatorname{arcsen} x$	$y' = \dfrac{1}{\sqrt{1-x^2}}$	$y = \operatorname{arcsen} f$	$y' = \dfrac{f'}{\sqrt{1-f^2}}$
$y = \operatorname{arccos} x$	$y' = \dfrac{-1}{\sqrt{1-x^2}}$	$y = \operatorname{arccos} f$	$y' = \dfrac{-f'}{\sqrt{1-f^2}}$
$y = \operatorname{arctg} x$	$y' = \dfrac{1}{1+x^2}$	$y = \operatorname{arctg} f$	$y' = \dfrac{f'}{1+f^2}$

Definición de derivada

Derivada de una función en un punto

La derivada de la función f(x) en un punto x = a es el valor del límite del cociente entre el incremento de la función y el incremento de la variable cuando este tiende a 0.

$$f'(a) = \lim_{h \to 0} \frac{f(a+h) - f(a)}{h}$$

Ejemplo: Derivada de $y = 3x^2$ en x=2

$$f'(2) = \lim_{h \to 0} \frac{f(2+h) - f(2)}{h} = \lim_{h \to 0} \frac{3(2+h)^2 - 3(2)^2}{h} =$$

$$= \lim_{h \to 0} \frac{\cancel{12} + 12h + 3h^2 \cancel{-12}}{h} = \lim_{h \to 0} \frac{\cancel{h}(12 + 3h)}{\cancel{h}} = 12$$

Derivadas laterales de una función en un punto

Derivada por la **izquierda**: $f'(a^-) = \lim_{h \to 0^-} \frac{f(a+h) - f(a)}{h}$

Derivada por la **derecha**: $f'(a^+) = \lim_{h \to 0^+} \frac{f(a+h) - f(a)}{h}$

Definición. Derivada de una función. Función derivada

La función derivada de una función f(x) es otra función f'(x) que asocia a cada número real su derivada, si existe.

$$f'(x) = \lim_{h \to 0} \frac{f(x+h) - f(x)}{h}$$

Derivabilidad de una función

Una función es derivable en x = a si es **continua y existen las derivadas laterales y coinciden**.

$$f'(a^-) = f'(a^+)$$

Como en la continuidad, estudiar la derivabilidad consiste en decidir en qué puntos la función es derivable, analizando el dominio de la función, y si la función es a trozos, estudiar los puntos donde cambia de función.

Ejemplo. Estudiar la derivabilidad de la función:

$$f(x) = \begin{cases} x^2 + 2x & x \le 1 \\ x^3 + x + 1 & x > 1 \end{cases} \qquad f'(x) = \begin{cases} 2x + 2 & x < 1 \\ 3x^2 + 1 & x > 1 \end{cases}$$

Ambos trozos son polinómicos, por lo que son continuos y derivables en sus intervalos. Estudiamos la continuidad y derivabilidad en x=1 donde cambia la función.

$$\lim_{x \to 1^-} f(x) = \lim_{x \to 1^+} f(x) = f(1) = 3 \quad \text{Es continua en x=1}$$

$$f'(1^-) = (2x+2)_{x=1} = 4 \qquad f'(1^+) = (3x^2+1)_{x=1} = 4$$

Ambas derivadas coinciden, f(x) **es derivable** en x=1

Interpretación geométrica de la derivada

La derivada de una función f en un punto coincide con la pendiente de la recta tangente a la curva en ese punto.

$$f'(a) = \lim_{h \to 0} \frac{f(a+h) - f(a)}{h} = \text{tg}\,\alpha$$

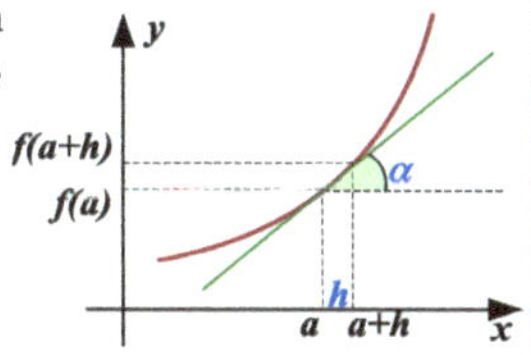

Máximos y mínimos relativos

También llamados puntos críticos: puntos donde la tangente es horizontal, es decir donde la derivada se anula:

$$f'(x) = 0$$

Las soluciones, x_0, x_1, $x_{2...}$, son los puntos candidatos a máximos y mínimos. Se comprueban en la 2ª derivada:

$$Si \ f''(x_0) > 0 \ es \ mínimo$$
$$Si \ f''(x_0) < 0 \ es \ máximo$$

Aplicación a problemas de optimización. Método
1) Determinar la variable objetivo que hay que maximizar o minimizar. Esto se deduce de la lectura del enunciado.
2) Expresar en forma de función el objetivo propuesto
3) Calculamos el máximo o mínimo buscado utilizando el criterio anterior, igualar a 0 la derivada f'(x)

Ejemplo: Calcula dos números cuya suma es 20 y el producto el máximo posible.

1) El objetivo es el producto P de dos números x e y
2) $\qquad P = x \cdot y$

Necesitamos poner esta función en una sola variable. Sabemos $x + y = 20$, luego $y = 20 - x$, entonces

$$P = x \cdot (20 - x)$$

3) Derivamos e igualamos a 0

$$P'(x) = 20 - 2x = 0 \quad \Rightarrow \quad x = 10$$

Aplicamos el criterio de la segunda derivada:

$$P''(x) = -2 \quad \Rightarrow \quad P''(10) = -2$$

Luego hay un mínimo en x=10, y su valor es $P(10) = 100$

Ecuación de la recta tangente

La tangente a una función en un punto tiene la misma pendiente que la función, y es precisamente la derivada de la función en dicho punto:

$$m = \text{tg}\,\alpha = f'(a)$$

Entonces, la recta tangente a una curva en un punto es aquella que pasa por el punto (a, f(a)) y cuya pendiente es igual a f'(a). La ecuación de la recta tangente viene dada por la siguiente expresión:

$$y - f(a) = f'(a) \cdot (x - a)$$

Ecuación de la recta normal

La pendiente de la recta normal a una curva en un punto es la opuesta de la inversa de la pendiente de la recta tangente, por ser rectas perpendiculares entre sí.

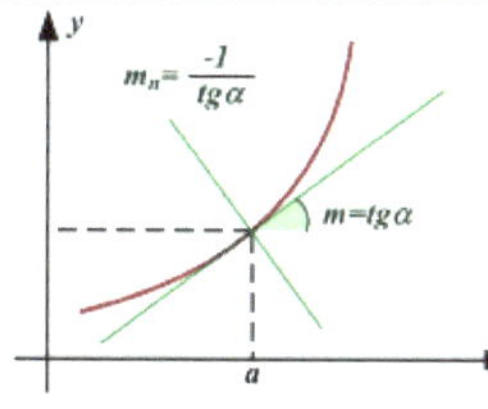

$$m_n = -\frac{1}{m} = -\frac{1}{\text{tg}\,\alpha} = -\frac{1}{f'(a)}$$

Entonces, la ecuación de la recta normal a una curva en un punto x=a tiene la ecuación:

$$y - f(a) = -\frac{1}{f'(a)} \cdot (x - a)$$

Teoremas de las funciones continuas

Teorema de Bolzano

Si una función $f(x)$ está definida y es continua en un intervalo cerrado $[a,b]$ y toma valores de distinto signo en los extremos a y b, entonces existe al menos un punto $c \in (a,b)$ tal que $f(c)=0$

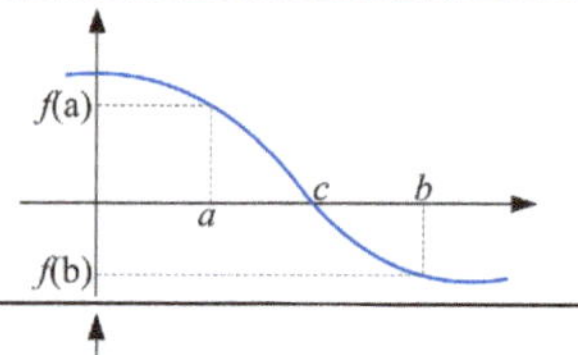

Teorema de los valores intermedios – Teorema de Darboux

Si una función $f(x)$ está definida y es continua en un intervalo cerrado $[a,b]$ y k es cualquier número tal que $f(a)<k<f(b)$, entonces existe al menos un punto $c \in (a,b)$ tal que $f(c)=k$

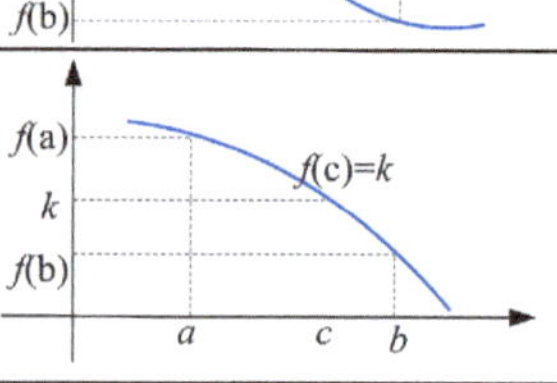

Teorema de Weierstrass

Si $f(x)$ es una función continua en el intervalo cerrado [a, b] entonces.

1) Existe al menos un punto c del intervalo cerrado [a, b] donde f alcanza su valor máximo, es decir: $f(c) \geq f(x) \quad \forall x \in [a,b]$
2) Existe al menos un punto d del intervalo cerrado [a, b] donde f alcanza su valor mínimo, es decir: $f(d) \leq f(x) \quad \forall x \in [a,b]$

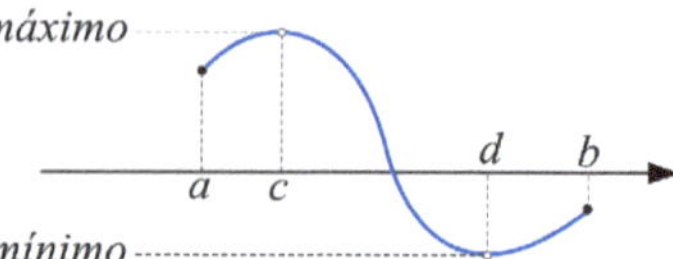

Teoremas de funciones derivables

Teorema de Rolle

Si una función $f(x)$ está definida y es continua en un intervalo cerrado $[a,b]$ y derivable en el intervalo abierto (a,b), y si $f(a)=f(b)$, entonces existe al menos un punto $c \in (a,b)$ tal que $f'(c)=0$

La interpretación gráfica del teorema de Rolle nos dice que hay un punto en el que la tangente es paralela al eje de abscisas.

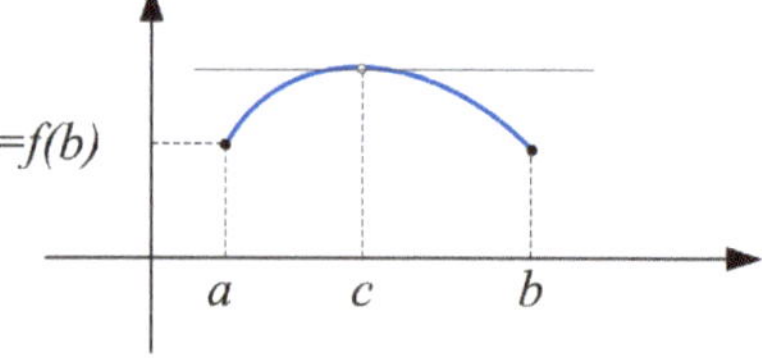

Teorema del Valor Medio – Teorema de Lagrange

Si una función $f(x)$ está definida y es continua en un intervalo cerrado $[a,b]$ y derivable en el intervalo abierto (a,b), entonces existe al menos un punto $c \in (a,b)$ tal que:

$$f'(c)=\frac{f(b)-f(a)}{b-a}$$

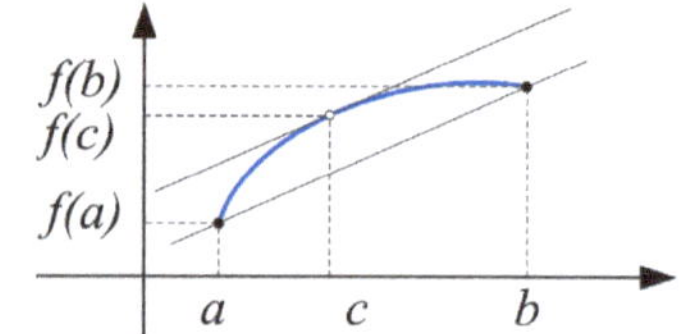

La **interpretación gráfica del teorema de Lagrange** nos dice que hay un punto en el que la tangente es paralela a la recta que pasa por los extremos del intervalo

Teorema de Cauchy – Teorema del Valor Medio Generalizado

Sean $f(x)$ y $g(x)$ definidas y continuas en $[a,b]$ y derivables en (a,b), entonces $\exists$ al menos un $c \in (a,b)$ tal que:

$$\frac{f'(c)}{g'(c)}=\frac{f(b)-f(a)}{g(b)-g(a)}$$

Regla de L'Hopital

Con f y g derivables en a, si $\lim_{x \to a} f(x) = 0$ y $\lim_{x \to a} g(x) = 0$, y existe $L = \lim_{x \to a} \frac{f'(x)}{g'(x)}$, este límite coincide con $\lim_{x \to a} \frac{f(x)}{g(x)}$

La regla de L'Hopital se aplica directamente en las **indeterminaciones 0/0 e ∞/∞**

En indeterminaciones de **∞-∞,** en algunos casos podemos poner en común denominador y nos quedará del tipo **0/0**

Indeterminaciones del tipo **0·∞:** La transformamos en **0/0** o **∞/∞** haciendo $f \cdot g = \frac{f}{1/g}$ o $f \cdot g = \frac{g}{1/f}$ según convenga

En indeterminaciones del tipo **1∞, ∞⁰ y 0⁰** Tomando el logaritmo del límite y aplicando propiedades de los logaritmos, nos queda una indeterminación de las anteriores. **Ejemplo:**

$$L = \lim_{x \to 1} x^{\frac{1}{1-x}} = 1^{\infty} \quad \Rightarrow \quad \ln L = \ln \lim_{x \to 1} x^{\frac{1}{1-x}} = \lim_{x \to 1} \ln x^{\frac{1}{1-x}} = \lim_{x \to 1} \frac{\ln x}{1-x} = \frac{0}{0} = \{L'H\} = \lim_{x \to 1} \frac{1/x}{-1} = -1$$

El límite que se pide será: $\ln L = -1 \quad \Rightarrow \quad \boxed{L = e^{-1}}$

Fórmula de Taylor

Sea una función $f(x)$ diferenciable en un punto $x=a$ hasta el orden $(n+1)$. Podemos aproximar la función en el entorno de $x=a$ a un polinomio de grado n, llamado **Polinomio de Taylor $P(x)$** :

$$f(x) \approx P_n(x)$$

utilizando la **Fórmula de Taylor:**

$$P_n(x) = \sum_{k=0}^{n} \frac{f^{(k)}(a)}{k!}(x-a)^k$$

O en forma desarrollada:

$$P_n(x) = f(a) + \frac{f'(a)}{1!}(x-a) + \frac{f''(a)}{2!}(x-a)^2 + \ldots + \frac{f^{(n)}(a)}{n!}(x-a)^n$$

El polinomio de Taylor se aproxima a la función $f(x)$ pero existe una diferencia. La diferencia exacta entre el valor real de la función y nuestro polinomio se llama **Resto R_n**. El Teorema de Taylor establece que:

$$f(x) = P_n(x) + R_n(x)$$

Siendo el resto, en la forma de Lagrange:

$$R_n(x) = \frac{f^{(n+1)}(z)}{(n+1)!}(x-a)^{n+1}$$

Donde R_n se evalúa en un punto z entre x y a

Fórmula de Maclaurin

Si centramos la aproximación en el origen, a=0 obtenemos la **Fórmula de Maclaurin:**

$$P_n(x) = \sum_{k=0}^{n} \frac{f^{(k)}(0)}{k!}x^k$$

O en forma desarrollada:

$$P_n(x) = f(0) + \frac{f'(0)}{1!}x + \frac{f''(0)}{2!}x^2 + \ldots + \frac{f^{(n)}(0)}{n!}x^n$$

Siendo el resto:

$$R_n(x) = \frac{f^{(n+1)}(z)}{(n+1)!}x^{n+1}$$

Serie de Taylor

Una serie es la suma de los infinitos términos de una sucesión. Al aplicar la fórmula de Taylor con n=∞, el resto tiende a 0, y el polinomio de Taylor se convierte en la **Serie de Taylor,** y la aproximación pasa a ser una igualdad

$$f(x) = P_\infty(x)$$

Toma la forma:

$$f(x) = \sum_{k=0}^{\infty} \frac{f^{(k)}(a)}{k!}(x-a)^k$$

En forma desarrollada:

$$f(x) = f(a) + \frac{f'(a)}{1!}(x-a) + \frac{f''(a)}{2!}(x-a)^2 + \ldots$$

Serie de Maclaurin

Al igual que en la fórmula de Maclaurin, la Serie de Maclaurin es el desarrollo en serie de la función en el origen **a=0**, y queda:

$$f(x) = P_\infty(x)$$

Toma la forma:

$$f(x) = \sum_{k=0}^{\infty} \frac{f^{(k)}(0)}{k!}x^k$$

$$f(x) = f(0) + \frac{f'(0)}{1!}x + \frac{f''(0)}{2!}x^2 + \frac{f'''(0)}{3!}x^3 + \ldots$$

Series de Maclaurin importantes

$$e^x = 1 + x + \frac{x^2}{2!} + \frac{x^3}{3!} + \ldots = \sum_{n=0}^{\infty} \frac{x^n}{n!} \qquad \forall x \in \mathbb{R}$$

$$\operatorname{sen} x = x - \frac{x^3}{3!} + \frac{x^5}{5!} - \ldots = \sum_{n=0}^{\infty} \frac{(-1)^n x^{2n+1}}{(2n+1)!} \qquad \forall x \in \mathbb{R}$$

$$\cos x = 1 - \frac{x^2}{2!} + \frac{x^4}{4!} - \ldots = \sum_{n=0}^{\infty} \frac{(-1)^n x^{2n}}{(2n)!} \qquad \forall x \in \mathbb{R}$$

Serie geométrica:

$$\frac{1}{1-x} = 1 + x + x^2 + x^3 + \ldots = \sum_{n=0}^{\infty} x^n \qquad x \in (-1,1)$$

Aplicación al cálculo de límites

Calcular el límite:

$$\lim_{x \to 0} \frac{\operatorname{sen} x - x}{x^3}$$

Este es un límite indeterminado del tipo 0/0
Aplicamos el desarrollo de Maclaurin a la función seno:

$$\lim_{x \to 0} \frac{\left(x - \frac{x^3}{3!} + \frac{x^5}{5!} - \ldots\right) - x}{x^3}$$

Simplificamos el numerador:

$$\lim_{x \to 0} \frac{-\frac{x^3}{3!} + \frac{x^5}{5!} - \ldots}{x^3}$$

Podemos sacar factor común y simplificar:

$$\lim_{x \to 0} \frac{\cancel{x^3}\left(-\frac{1}{3!} + \frac{x^2}{5!} - \ldots\right)}{\cancel{x^3}} = \lim_{x \to 0}\left(-\frac{1}{3!} + \frac{x^2}{5!} - \ldots\right)$$

Al aplicar el límite, los términos que contienen x en el numerador se cancelan, y obtenemos finalmente:

$$\lim_{x \to 0} \frac{\operatorname{sen} x - x}{x^3} = \lim_{x \to 0}\left(-\frac{1}{3!}\right) = -\frac{1}{6}$$

Dominio de función

Dominio: es el conjunto de valores de x para los que existe imagen de la función.

- Funciones **polinómicas**: el dominio es todo $\mathbb{R}$:
$$f(x) = x^2 - 2x + 2 \implies Dom = \mathbb{R}$$

- Funciones **racionales**: el denominador no puede ser 0:
$$f(x) = \frac{1}{x^2 - 4} \implies Dom = \mathbb{R} - \{-2, 2\}$$

- Funciones **irracionales**: si la raíz es de índice par, el radicando debe ser mayor o igual que 0. Si la raíz es de índice impar, el dominio es todo $\mathbb{R}$:
$$f(x) = \sqrt{x-4} \implies x - 4 \geq 0 \qquad Dom = [4, \infty)$$

- Funciones **logarítmicas**: el argumento debe ser estrictamente mayor que 0:
$$f(x) = \ln(x-4) \implies x - 4 > 0 \qquad Dom = (4, \infty)$$

- Funciones **exponenciales**: el dominio es todo $\mathbb{R}$:
$$f(x) = e^{x-2} \implies Dom = \mathbb{R}$$

- Funciones **seno** y **coseno**: el dominio es todo $\mathbb{R}$:
$$f(x) = \operatorname{sen} x \implies Dom = \mathbb{R}$$

- Función **tangente**: no está definida en los múltiplos impares de $\pi/2$:
$$f(x) = \operatorname{tg} x \implies Dom = \mathbb{R} - \left\{\frac{\pi}{2} + k\pi\right\} \quad (k \in \mathbb{Z})$$

Recorrido

Recorrido o imagen: es el conjunto de valores que toma la función en todo el dominio.

- Si tenemos la **expresión analítica** de la función, y esta tiene inversa, **el recorrido es el dominio de la inversa** de la función.
- Si tenemos la gráfica de la función, o podemos esbozarla, determinamos el recorrido proyectando sobre el eje y.

Continuidad

Se dice que una función es continua en un punto x_0 si se cumplen las siguientes condiciones:
- Existe imagen del punto x_0 ($\exists f(x_0)$)
- Existe el límite cuando $x \to x_0$ y es finito:
$$\lim_{x \to x_0^-} f(x) = \lim_{x \to x_0^+} f(x) = k$$

El límite existe si los límites laterales coinciden.
- Ambas condiciones coinciden, es decir:
$$f(x_0) = \lim_{x \to x_0^-} f(x) = \lim_{x \to x_0^+} f(x)$$

Periodicidad

Decimos que una función es periódica cuando su forma se repite cada cierto intervalo llamado **periodo**. Ej.:
- Función **seno y coseno**: el periodo es 2π
- Función **tangente**: el periodo es π

Simetrías

Simetría par

Simetría respecto al eje Y: comprobamos si cumple:
$$f(x) = f(-x)$$

Ejemplo: $f(x) = x^4 - x^2$
$$f(x) = x^4 - x^2$$
$$f(-x) = (-x)^4 - (-x)^2 = x^4 - x^2$$

Tiene simetría par

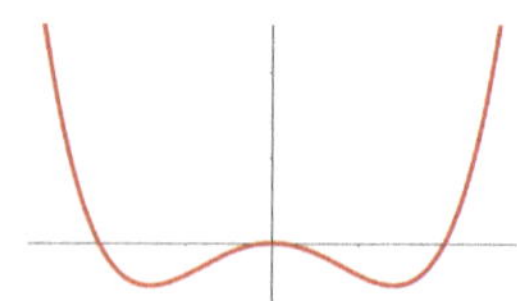

Simetría impar

Simetría respecto al centro O: comprobamos si cumple:
$$-f(x) = f(-x)$$

Ejemplo: $f(x) = x^3 - x$
$$-f(x) = -(x^3 - x) = -x^3 + x$$
$$f(-x) = (-x)^3 - (-x) = -x^3 + x$$

Tiene simetría impar

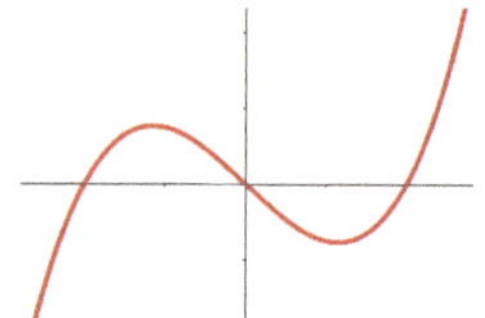

Puntos de corte y signo de la función

Puntos de corte con los ejes

- Puntos de corte con el **Eje Y**: es el punto donde **x=0**. Ej.:
$$f(x) = x^2 - 3x + 2 \qquad f(0) = 2 \implies (0, 2)$$
- Puntos de corte con el **Eje X**: Los puntos donde **y=0**. Ej.:
$$f(x) = x^2 - 3x + 2$$
$$x^2 - 3x + 2 = 0 \implies (1, 0), (2, 0)$$

Signo de la función

Estudiamos el signo de la función en los intervalos que determinan los puntos de corte con el eje x y los puntos de discontinuidad (puntos de no existencia en el dominio). Ej.:
$$f(x) = \frac{x-1}{x^2 - 4} \implies Dom = \mathbb{R} - \{-2, 2\}$$

Corta en el eje x en x=1

$(-\infty, -2)$	$(-2, 1)$	$(1, 2)$	$(2, \infty)$
−	+	−	+

Asíntotas y ramas infinitas

Asíntotas Verticales

Se estudian los límites laterales en los puntos de no existencia o discontinuidad, y en los extremos del dominio:

$$\lim_{x \to a^-} f(x) = \pm\infty \qquad y \qquad \lim_{x \to a^+} f(x) = \pm\infty$$

La asíntota vertical tiene la expresión $x=a$

Ejemplo: $f(x) = \dfrac{2x}{x-2}$ $\quad Dom = \mathbb{R} - \{2\}$

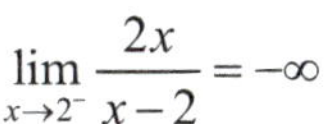

$$\lim_{x \to 2^-} \frac{2x}{x-2} = -\infty \qquad \lim_{x \to 2^+} \frac{2x}{x-2} = +\infty \qquad \textbf{Asíntota: } x=2$$

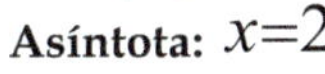

Asíntotas Horizontales

Tendremos asíntotas horizontales cuando existen los límites infinitos de la función:

$$\lim_{x \to \pm\infty} f(x) = k$$

En funciones racionales si **grado num. ≤ grado denom.**

La asíntota horizontal tiene la expresión $y=k$

Ejemplo: $f(x) = \dfrac{2x}{x-2}$

$$\lim_{x \to +\infty} \frac{2x}{x-2} = 2 \qquad \lim_{x \to -\infty} \frac{2x}{x-2} = 2$$

Asíntota: $y=2$

Asíntotas Oblicuas

Habrá oblicuas cuando existe el siguiente límite:

$$\lim_{x \to \pm\infty} \frac{f(x)}{x} = m$$

En funciones racionales si **grado num = grado denom +1**

Tiene la expresión de una recta **y=mx+n** , dónde:

$$m = \lim_{x \to \pm\infty} \frac{f(x)}{x} \qquad n = \lim_{x \to \pm\infty} f(x) - mx$$

Ejemplo: $f(x) = \dfrac{x^2 - x}{x-3}$

$$m = \lim_{x \to \pm\infty} \frac{f(x)}{x} = \lim_{x \to \pm\infty} \frac{x^2 - x}{x^2 - 3x} = 1$$

$$n = \lim_{x \to \pm\infty} f(x) - x = \lim_{x \to \pm\infty} \frac{x^2 - x - x^2 + 3x}{x-3} = 2$$

Asíntota: $y = x+2$

Las asíntotas horizontales y oblicuas son excluyentes, es decir si existe una asíntota de un tipo, no habrá del otro.

Ramas parabólicas

Ramas parabólicas: habrá ramas parabólicas cuando:

$$\lim_{x \to \infty} \frac{f(x)}{x} = \infty$$

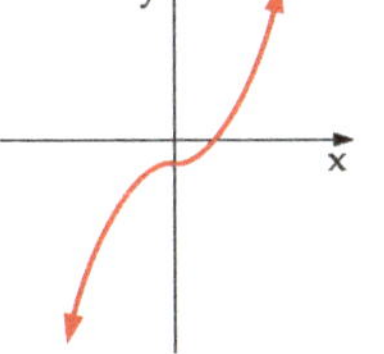

Ejemplo: $f(x) = x^3 - 1$

$$\lim_{x \to \pm\infty} \frac{f(x)}{x} = \lim_{x \to \pm\infty} \frac{x^3 - 1}{x} = \pm\infty$$

Estudio de la 1ª derivada

Máximos y mínimos relativos

Máximos y mínimos relativos:

Se buscan los puntos donde la derivada se anula:

$$f'(x) = 0$$

Las soluciones, x_0, son puntos candidatos a máximo y mínimo. Se comprueban con el **criterio de la 2ª derivada**:

Si $f''(x_0) > 0$ es **mínimo** $\qquad$ Si $f''(x_0) < 0$ es **máximo**

Monotonía (Intervalos de crecimiento)

Monotonía: Estudiamos el signo de la 1ª derivada en los intervalos que determinan los puntos de máximo y mínimo y los puntos de discontinuidad (puntos de no existencia).

Si $f'(x_0) > 0$ es **creciente** $\qquad$ Si $f'(x_0) < 0$ es **decreciente**

Ejemplo: $f(x) = \dfrac{x^2}{x^2 - 1}$ $\Rightarrow$ $Dom = \mathbb{R} - \{-1, 1\}$

$$f'(x) = \frac{-2x}{\left(x^2 - 1\right)^2} = 0 \Rightarrow x = 0 \Rightarrow \text{punto crítico en } x = 0$$

Intervalo	$(-\infty, -1)$	$(-1, 0)$	$(0, 1)$	$(1, \infty)$
Signo f'(x)	+	+	-	-
Monotonía	crece	crece	decrece	decrece

Estudio de la 2ª derivada

Puntos de inflexión

Puntos de Inflexión:

Se buscan **los puntos donde la 2ª derivada se anula:**

$$f''(x) = 0$$

Las soluciones son candidatos a puntos de inflexión.

Se comprueban en la 3ª derivada:

Si $f'''(x_0) \neq 0$ es punto de inflexión

Curvatura

Estudiamos el signo de la 2ª derivada en los intervalos que determinan los puntos de inflexión y los puntos de discontinuidad (puntos de no existencia en el dominio).

Si $f''(x_0) > 0$ es **cóncava** $\cup$ $\qquad$ Si $f''(x_0) < 0$ es **convexa** $\cap$

Ejemplo: $f(x) = x^3 - x - 1$ $\Rightarrow$ $Dom = \mathbb{R}$

$$f''(x) = 6x = 0 \qquad \Rightarrow \quad x = 0$$

$$f'''(0) = 6 \neq 0 \qquad \Rightarrow \quad \text{es punto de inflexión}$$

Intervalo	$(-\infty, 0)$	$(0, \infty)$
Signo f''(x)	-	+
Curvatura	Convexa $\cap$	Cóncava $\cup$

Criterio general máx, mín, ptos inflexión

Si el criterio de la 2º derivada no es concluyente, y x=a es un punto que cumple:

$$f'(a) = 0, \quad f''(a) = 0, \quad \dots \quad f^{n-1)}(a) = 0, \quad f^{n)} \neq 0$$

- Si n es par y $f^{n)} < 0$, en x=a hay un máximo
- Si n es par y $f^{n)} > 0$, en x=a hay un mínimo
- Si n es impar, en x=a hay un punto de inflexión

<table>
<tr><td colspan="2" align="center">Tabla de integrales</td></tr>
<tr><td colspan="2" align="center">Reglas de integración</td></tr>
<tr><td>Integral de una constante</td><td>$\int K\,dx = Kx + C$</td></tr>
<tr><td>Producto de una constante por una función</td><td>$\int K \cdot f(x)dx = K \cdot \int f(x)dx$</td></tr>
<tr><td>Suma de funciones</td><td>$\int \left[f(x) + g(x) \right]dx = \int f(x)dx + \int g(x)dx$</td></tr>
<tr><td>Integración por partes</td><td>$\int u \cdot dv = u \cdot v - \int v \cdot du$
Regla mnemotécnica: "Un día vi una vaca sin rabo vestida de uniforme"</td></tr>
</table>

Fórmulas de integración

	Función simple	Función compuesta
1	$\int x^m dx = \dfrac{x^{m+1}}{m+1} + C, \quad (m \neq -1)$	$\int f^m \cdot f'dx = \dfrac{f^{m+1}}{m+1} + C, \quad (m \neq -1)$
2	$\int \dfrac{1}{x}dx = \ln|x| + C$	$\int \dfrac{f'}{f}dx = \ln|f| + C$
3	$\int \dfrac{1}{x+a}dx = \ln|x+a| + C$	
4	$\int \dfrac{1}{x^2}dx = -\dfrac{1}{x} + C$	$\int \dfrac{f'}{f^2}dx = -\dfrac{1}{f} + C$
5	$\int \dfrac{1}{\sqrt{x}}dx = 2\sqrt{x} + C$	$\int \dfrac{f'}{\sqrt{f}}dx = 2\sqrt{f} + C$
6	$\int e^x dx = e^x + C$	$\int e^f \cdot f'dx = e^f + C$
7	$\int a^x dx = \dfrac{a^x}{\ln a} + C$	$\int a^f \cdot f'dx = \dfrac{a^f}{\ln a} + C$
8	$\int \operatorname{sen} x\,dx = -\cos x + C$	$\int f' \cdot \operatorname{sen} f\,dx = -\cos f + C$
9	$\int \cos x\,dx = \operatorname{sen} x + C$	$\int f' \cdot \cos f\,dx = \operatorname{sen} f + C$
10	$\int \dfrac{1}{\cos^2 x}dx = \operatorname{tg} x + C$	$\int \dfrac{f'}{\cos^2 f}dx = \operatorname{tg} f + C$
11	$\int \dfrac{1}{\operatorname{sen}^2 x}dx = -\operatorname{cotg} x + C$	$\int \dfrac{f'}{\operatorname{sen}^2 f}dx = -\operatorname{cotg} f + C$
12	$\int \dfrac{1}{\sqrt{1-x^2}}dx = \operatorname{arcsen} x + C$	$\int \dfrac{f'}{\sqrt{1-f^2}}dx = \operatorname{arcsen} f + C$
13	$\int \dfrac{1}{x^2+1}dx = \operatorname{arctg} x + C$	$\int \dfrac{f'}{f^2+1}dx = \operatorname{arctg} f + C$
14	$\int \dfrac{1}{x^2+a^2}dx = \dfrac{1}{a}\operatorname{arctg}\dfrac{x}{a} + C$ *Se resuelve con el cambio de variable $\dfrac{x}{a}=t$	$\int \dfrac{f'}{f^2+a^2}dx = \dfrac{1}{a}\operatorname{arctg}\dfrac{f}{a} + C$

Integral indefinida

Función primitiva: Una primitiva de una función f(x) es otra función F(x) tal que F′(x)=f(x)

Integral indefinida: La integral indefinida de una función f(x) es el conjunto F(x) + C de todas sus primitivas. Se representa:

$$\int f(x)\,dx = F(x) + C$$

Integrales que se reducen a inmediatas

En algunos casos será posible reducir la dificultad de la integral utilizando la propiedad de linealidad de la integral, y descomponer la integral en trozos más sencillos. Otras técnicas muy útiles en algunos casos serán sumar y restar un mismo número, o multiplicar y dividir por el mismo. Veamos algunos ejemplos:

$$\int \left(x^2 + 3x - 2\right)dx = \int x^2\,dx + \int 3x\,dx - \int 2\,dx =$$
$$= \frac{x^3}{3} + \frac{3x^2}{2} - 2x + C$$

$$\int \frac{x^2}{x^2+1}\,dx = \int \frac{x^2+1-1}{x^2+1}\,dx = \int \frac{x^2+1}{x^2+1}\,dx - \int \frac{1}{x^2+1}\,dx =$$
$$= \int dx - \int \frac{1}{x^2+1}\,dx = x - \operatorname{arctg} x + C$$

$$\int \frac{2}{3x+1}\,dx = \frac{1}{3}\int \frac{3\cdot 2}{3x+1}\,dx =$$
$$= \frac{2}{3}\int \frac{3}{3x+1}\,dx = \frac{2}{3}\ln|3x+1| + C$$

Integración por cambio de variable

- Se propone un cambio de cierta expresión de x por t.
- Se derivan ambas expresiones para obtener la diferencial dx
- Con el cambio propuesto debe ser posible sustituir todos los elementos de la integral y que quede más sencilla.
- Una vez realizada la integral debemos deshacer el cambio, sustituyendo la t por la correspondiente expresión de x.

Ejemplos:

$$\int \frac{x}{\sqrt{1-x^2}}\,dx = \quad \text{Se propone} \quad \begin{cases} 1 - x^2 = t^2 \\ -2x\cdot dx = 2t\cdot dt \\ x\cdot dx = -t\cdot dt \end{cases}$$

$$= \int \frac{-t}{\sqrt{t^2}}\,dt = -\int dt = -t + C = -\sqrt{1-x^2} + C$$

$$\int \operatorname{sen}^4 x \cdot \cos x \cdot dx = \quad \text{Se propone} \quad \begin{cases} \operatorname{sen} x = t \\ \cos x \cdot dx = dt \end{cases}$$

$$= \int t^4\,dt = \frac{t^5}{5} + C = \frac{\operatorname{sen}^5 x}{5} + C$$

Algunos cambios de variable usuales

El integrando contiene	Cambio sugerido
$R\left(a^x\right)$	$a^x = t$
$R\left(\ln x\right)$	$\ln x = t$
$R\left(\operatorname{sen}^m x, \cos^n x\right)$	$m = impar \;\Rightarrow\; \cos x = t$ $n = impar \;\Rightarrow\; \operatorname{sen} x = t$ $n, m = par \;\Rightarrow\; \operatorname{tg} x = t$ $otros \;\Rightarrow\; \operatorname{tg}(x/2) = t$
$R\left(\sqrt{a^2 + x^2}\right)$	$x = a\cdot \operatorname{tg} t$
$R\left(\sqrt{a^2 - x^2}\right)$	$x = a\cdot \operatorname{sen} t$
$R\left(\sqrt{x^2 - a^2}\right)$	$x = a\cdot \sec t$

Integración por partes

En algunas integrales que tengamos un producto de funciones u y v, se puede utilizar la fórmula de integración por partes:

$$\int u\cdot dv = u\cdot v - \int v\cdot du$$

Ejemplos: $\int x\cdot \ln x\cdot dx = \quad$ llamamos $\begin{cases} \ln x = u \;\Rightarrow\; \dfrac{1}{x}dx = du \\ x\cdot dx = dv \;\Rightarrow\; \dfrac{x^2}{2} = v \end{cases}$ $= \dfrac{x^2}{2}\ln x - \int \dfrac{x^2}{2}\cdot \dfrac{1}{x}\,dx = \dfrac{x^2}{2}\ln x - \dfrac{1}{2}\int x\cdot dx = \dfrac{x^2}{2}\ln x - \dfrac{x^2}{4} + C$

$\int \ln x\cdot dx = \quad$ llamamos $\begin{cases} \ln x = u \;\Rightarrow\; \dfrac{1}{x}dx = du \\ dx = dv \;\Rightarrow\; x = v \end{cases}$ $= x\cdot \ln x - \int x\cdot \dfrac{1}{x}\,dx = x\cdot \ln x - \int dx = x\cdot \ln x - x + C$

Para decidir cuál tomamos como u y cual como dv. seguiremos la regla de **ALPES**. El orden de las letras de esta palabra nos da la prioridad para elegir la que tomaremos como u (ver figura)

ALPES

Funcion **A**rco — arcsen / arccos

Logaritmica

Potencial

Exponencial

Sinusoidal — sen / cos

Integración de funciones racionales

Consideraremos las integrales del tipo P(x)/Q(x), siendo el **grado del numerador menor que el del denominador**. Si el grado del numerador fuese mayor o igual que el del denominador, previamente descomponemos la integral haciendo la división. Ej.:

$$\int \frac{P(x)}{Q(x)}dx = \int C(x)dx + \int \frac{R(x)}{Q(x)}dx \qquad \text{Ej.:} \quad \int \frac{2x^2+1}{x^2-1}dx = \int 2\,dx + \int \frac{3}{x^2-1}dx$$

Tipo 1) Integración de funciones del tipo: $\int \frac{A}{ax+b}dx$ Se reducen a una integral logarítmica $\int \frac{f'}{f}dx = \ln|f| + C$. Ej.:

$$\int \frac{3}{2x-5}dx = \frac{1}{2}\int \frac{3\cdot 2}{2x-5}dx = \frac{3}{2}\int \frac{2}{2x-5}dx = \{\text{Es inmediata}\} = \frac{3}{2}\ln|2x-5| + C$$

Tipo 2) Integración de funciones del tipo: $\int \frac{A}{(ax+b)^n}dx$ Se reducen a una integral potencial $\int f^m \cdot f'\,dx = \frac{f^{m+1}}{m+1} + C$ Ej.:

$$\int \frac{3}{(2x-5)^4}dx = \frac{1}{2}\int \frac{3\cdot 2}{(2x-5)^4}dx = \frac{3}{2}\int 2(2x-5)^{-4}dx = \{\text{Es inmediata}\} = \frac{3}{2}\frac{(2x-5)^{-3}}{-3} + C = -\frac{1}{2(2x-5)^3} + C$$

Tipo 3) Integración de funciones del tipo: $\int \frac{A}{ax^2+bx+c}dx$ Donde el polinomio del denominador **no tiene raíces reales**.

Se transforman en una integral de tipo arcotangente expresando el denominador como la suma de un cuadrado notable y un término independiente. Ej.:

$$\int \frac{3}{2x^2+4x+10}dx = \frac{1}{2}\int \frac{3}{x^2+2x+5}dx = \frac{1}{2}\int \frac{3}{x^2+2x+1+4}dx = \frac{3}{2}\int \frac{1}{(x+1)^2+4}dx = \{\text{Es inmediata}\} = \frac{3}{2}\cdot\frac{1}{2}\text{arctg}\frac{x+1}{2} + C$$

Tipo 4) Integración de funciones del tipo: $\int \frac{Ax+B}{ax^2+bx+c}dx$ Donde el polinomio del denominador **no tiene raíces reales.**

Se descompone en la suma de una integral inmediata logarítmica, más otra de tipo 3, arcotangente. Ej.:

$$\int \frac{2x-3}{x^2+x+1}dx = \int \frac{2x+1-1-3}{x^2+x+1}dx = \int \frac{2x+1}{x^2+x+1}dx + \int \frac{-4}{x^2+x+1}dx$$

De las dos integrales resultantes, la primera es inmediata de tipo logaritmo. La segunda es una integral de tipo 3.

Descomposición en fracciones simples

Es el proceso inverso de la suma de fracciones algebraicas. Se trata de transformar una fracción algebraica en la suma de otras más sencillas. El primer paso es **obtener las raíces y factorizar el denominador**. Para cada factor obtenido tendremos las correspondientes fracciones como se indica a continuación

- Para cada raíz real sencilla, con factor $(x-a)$ tendremos un sumando del tipo $\frac{A}{x-a}$ que resulta una integral del **tipo 1**

- Para cada raíz real múltiple, con factor $(x-b)^n$ tendremos n sumandos; $\frac{B_1}{x-b} + \frac{B_2}{(x-b)^2} + ... + \frac{B_n}{(x-b)^n}$ que resultan en integrales del **tipo 1 y 2**

- Para cada raíz compleja, de factor (ax^2+bx+c) tendremos un sumando tipo $\frac{Cx+D}{ax^2+bx+c}$ que es una integral del **tipo 4**

Ejemplo:

$$\frac{7x+1}{(x-1)(x+1)^2} = \frac{A}{x-1} + \frac{B}{x+1} + \frac{C}{(x+1)^2}$$

Para determinar las incógnitas A, B y C debemos igualar los numeradores de ambos términos:

$$7x+1 = A(x+1)^2 + B(x+1)(x-1) + C(x-1)$$

Damos tantos valores arbitrarios a x como incógnitas tenemos, para obtener otras tantas ecuaciones:

$$\left.\begin{array}{lll} x=1 & \Rightarrow & 8=4A \quad \Rightarrow \quad A=2 \\ x=-1 & \Rightarrow & -6=-2C \quad \Rightarrow \quad C=3 \\ x=0 & \Rightarrow & 1=A-B-C \quad \Rightarrow \quad B=-2 \end{array}\right\} \quad \text{Obtenemos} \quad \frac{2}{x-1} - \frac{2}{x+1} + \frac{3}{(x+1)^2}$$

Integral definida

Integral definida: Dada una función f(x) y un intervalo $[a, b]$, la integral definida es igual al área limitada entre la gráfica de f(x), el eje de abscisas, y las rectas verticales x=a y x=b

$$A = \int_a^b f(x)\,dx$$

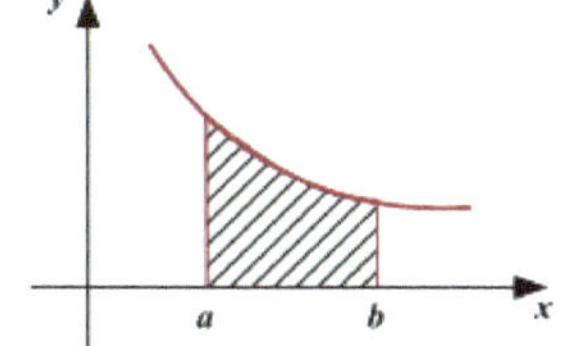

Regla de Barrow: La integral definida de una función continua f(x) en un intervalo cerrado $[a, b]$ es igual a la diferencia entre los valores que toma una función primitiva F(x) en los extremos de dicho intervalo.

$$\int_a^b f(x)\,dx = F(b) - F(a)$$

Propiedades de la integral definida

- El valor de la **integral definida** cambia de signo si se permutan los límites de integración.

$$\int_a^b f(x)\,dx = -\int_b^a f(x)\,dx$$

- Con límites de integración iguales, la **integral vale cero**.

$$\int_a^a f(x)\,dx = 0$$

- Si c es un punto interior del intervalo $[a, b]$ la integral se descompone como una suma de dos integrales extendidas a los intervalos $[a, c]$ y $[c, b]$

$$\int_a^b f(x)\,dx = \int_a^c f(x)\,dx + \int_c^b f(x)\,dx$$

Teorema del valor medio del cálculo integral

Si una función $f(x)$ es continua en un intervalo $[a, b]$ entonces existe un punto $c \in [a, b]$ tal que:

$$\int_a^b f(x)\,dx = f(c) \cdot (b - a)$$

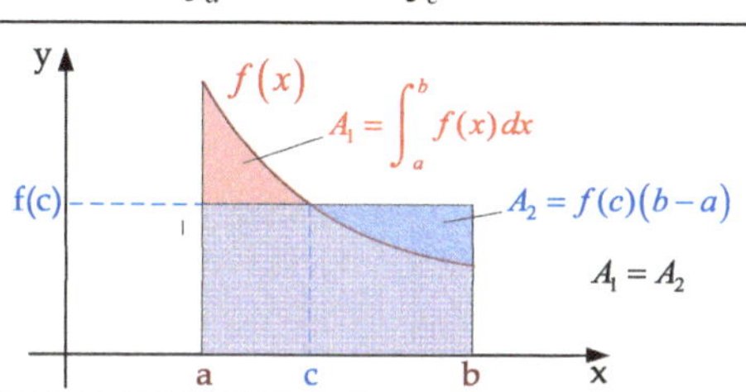

Cálculo de áreas

Caso 1.
Área bajo una curva

$$A = \left| \int_a^b f(x)\,dx \right|$$

Caso 2.
Área bajo una curva:
La curva corta con el eje x en c.

$$A = \left| \int_a^c f(x)\,dx \right| + \left| \int_c^b f(x)\,dx \right|$$

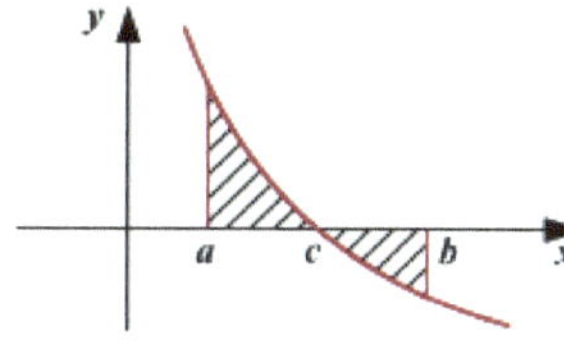

Caso 3.
Área entre 2 curvas

$$A = \left| \int_a^b \left[f(x) - g(x) \right] dx \right|$$

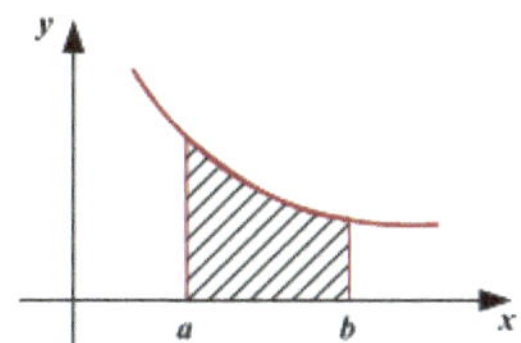

Caso 4.
Área entre 2 curvas que se cortan

$$A = \left| \int_a^b f(x) - g(x)\,dx \right| + \left| \int_b^c f(x) - g(x)\,dx \right|$$

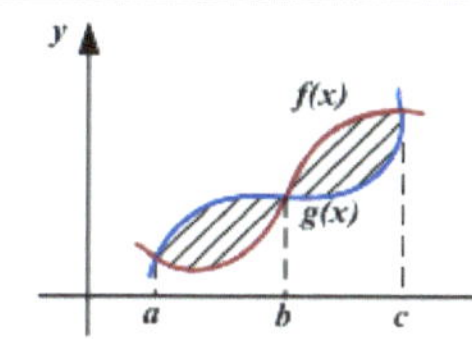

Cálculo de volúmenes de revolución

Volúmenes de revolución:
Un volumen de revolución se obtiene al hacer girar un arco de la función f(x) alrededor del eje OX. El volumen de la forma generada se calcula:

$$v = \pi \int_a^b \left[f(x) \right]^2 dx$$

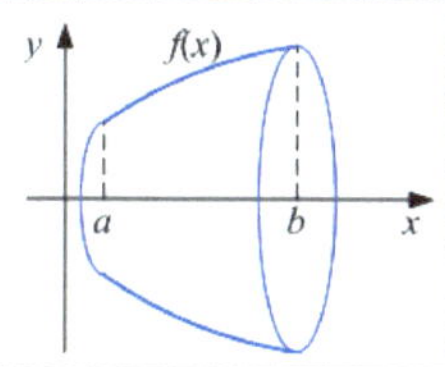

Otras aplicaciones de la integral definida

Cálculo de la longitud de arco	Área de una superficie de revolución	Trabajo realizado por una fuerza
$L = \int_a^b \sqrt{1 + \left[f'(x) \right]^2}\,dx$	$A = \int_a^b 2\pi f(x) \sqrt{1 + \left[f'(x) \right]^2}\,dx$	$W = \int_a^b F(x)\,dx$

Curvas paramétricas

Una curva paramétrica en el plano es una función continua que asigna a cada valor de la variable independiente t (parámetro) un punto del plano (x(t), y(t))

$$\begin{cases} x = x(t) \\ y = y(t) \end{cases}$$

Primera derivada:

$$\frac{dy}{dx} = \frac{\dfrac{dy}{dt}}{\dfrac{dx}{dt}} \qquad \frac{dy}{dx} = \frac{-2t}{2} = -t$$

Segunda derivada:

$$\frac{d^2 y}{dx^2} = \frac{\dfrac{d}{dt}\left(\dfrac{dy}{dx}\right)}{\dfrac{dx}{dt}} \qquad \frac{d^2 y}{dx^2} = \frac{\dfrac{d(-t)}{dt}}{2} = -\frac{1}{2}$$

Longitud de arco, o distancia recorrida entre dos instantes:

$$L = \int_a^b \sqrt{\left(\frac{dx}{dt}\right)^2 + \left(\frac{dy}{dt}\right)^2}\, dt \qquad L = \int_a^b \sqrt{\left(2\right)^2 + \left(-2t\right)^2}\, dt$$

Funciones con valores vectoriales

Dada una curva paramétrica, de parámetro t, que representa la trayectoria de un móvil a lo largo del tiempo:

$$\begin{cases} x = x(t) \\ y = y(t) \end{cases}$$

Vector de Posición $\vec{r}(t)$ indica las coordenadas de posición del móvil en cada instante.

$$\vec{r}(t) = \langle x(t), y(t)\rangle \qquad \vec{r}(t) = \langle 2t, 4 - t^2\rangle$$

Vector Desplazamiento, $\Delta\vec{r}$: indica la diferencia de posición entre dos momentos t_1 y t_2

$$\Delta\vec{r}_{t_1-t_2} = \vec{r}_{t_2} - \vec{r}_{t_1} \qquad \Delta\vec{r}_{2-4} = \langle 8, -12\rangle - \langle 4, 0\rangle = \langle 4, -12\rangle$$

Desplazamiento $|\Delta\vec{r}|$: distancia lineal entre dos puntos

$$|\Delta\vec{r}| = |\vec{r}_{t_2} - \vec{r}_{t_1}| \qquad |\Delta\vec{v}_{2-4}| = \sqrt{4^2 + 12^2} = 12.65 m$$

Velocidad

Velocidad media, $\vec{v}_m(t)$ es el cociente entre el desplazamiento y el intervalo de tiempo

$$\vec{v}_m = \frac{\Delta\vec{r}}{\Delta t} = \frac{\vec{r}_{t_2} - \vec{r}_{t_1}}{t_2 - t_1} \qquad \vec{v}_{m(2-4)} = \frac{\Delta\vec{r}_{2-4}}{\Delta t} = \frac{\langle 4, -12\rangle}{4-2} = \langle 2, -6\rangle$$

Velocidad instantánea $\vec{v}(t)$ o vector velocidad en un instante concreto: es la derivada temporal del vector de posición. Su dirección es tangente a la trayectoria.

$$\vec{v}(t) = \frac{d\vec{r}}{dt} = \left\langle \frac{dx}{dt}, \frac{dy}{dt}\right\rangle \qquad \vec{v}(t) = \langle 2, -2t\rangle$$

Celeridad o rapidez: es el valor escalar (módulo) de la velocidad.

$$|\vec{v}(t)| = \sqrt{\left(\frac{dx}{dt}\right)^2 + \left(\frac{dy}{dt}\right)^2} \qquad |\vec{v}(t)| = \sqrt{4 + 4t^2}$$

Distancia recorrida

Corresponde a la longitud de la línea sobre la que se mueve el móvil entre dos instantes.

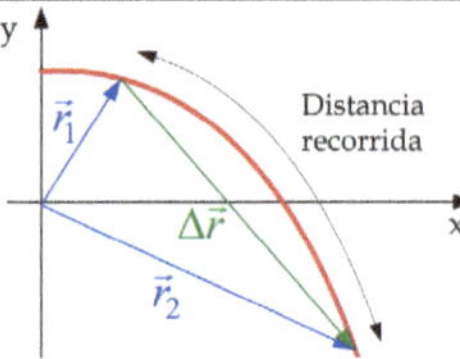

No hay que confundir con el desplazamiento, que es el segmento recto que une dos posiciones distantes del móvil

$$L = \int_a^b \sqrt{\left(\frac{dx}{dt}\right)^2 + \left(\frac{dy}{dt}\right)^2}\, dt \qquad L = \int_a^b \sqrt{\left(2\right)^2 + \left(-2t\right)^2}\, dt$$

Aceleración

Aceleración media, $\vec{a}_m$, indica el cambio de velocidad entre dos instantes respecto al tiempo transcurrido

$$\vec{a}_m = \frac{\Delta\vec{v}}{\Delta t} = \frac{\vec{v}_{t_2} - \vec{v}_{t_1}}{t_2 - t_1} \qquad \vec{a}_{m(2-4)} = \frac{\vec{v}_4 - \vec{v}_2}{\Delta t} = \frac{\langle 0, -4\rangle}{4-2} = \langle 0, -2\rangle$$

Aceleración instantánea $\vec{a}(t)$ o vector aceleración en un instante concreto: es la derivada temporal de la velocidad.

$$\vec{a}(t) = \frac{d\vec{v}}{dt} = \left\langle \frac{d^2 x}{dt^2}, \frac{d^2 y}{dt^2}\right\rangle \qquad \vec{a}(t) = \langle 0, -2\rangle$$

Algunas curvas paramétricas típicas

Circunferencia de radio r centrada en (x_0, y_0):

$$\begin{cases} x = x_0 + r\cos t \\ y = y_0 + r\sin t \end{cases}$$

Para $0 \leq t \leq 2\pi$, el móvil completa una vuelta en el sentido antihorario.

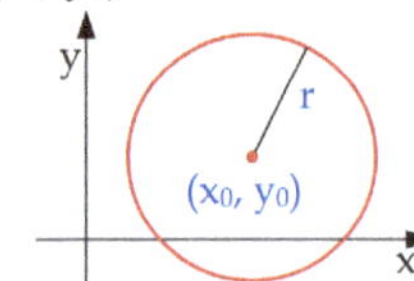

Elipse centrada en (x_0, y_0) y de semiejes a, b:

$$\begin{cases} x = x_0 + a\cos t \\ y = y_0 + b\sin t \end{cases}$$

Para $0 \leq t \leq 2\pi$, el móvil completa una vuelta en el sentido antihorario.

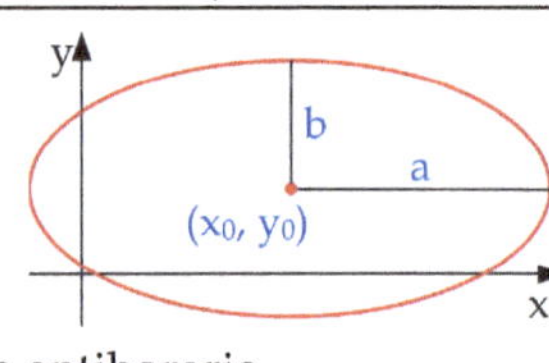

Tiro parabólico: describe la trayectoria de un objeto lanzado desde el punto (x_0, y_0). Las ecuaciones describen los movimientos horizontal y vertical de forma independiente:

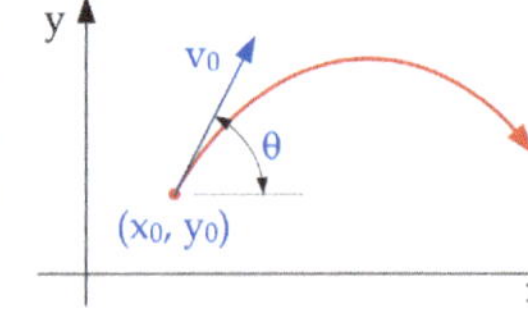

$$\begin{cases} x = x_0 + \left(v_0 \cos\theta\right)t \\ y = y_0 + \left(v_0 \sin\theta\right)t - \dfrac{1}{2}g t^2 \end{cases}$$

Cicloide: la trayectoria descrita por un punto en el borde de una rueda circular mientras rueda en línea recta sin deslizarse:

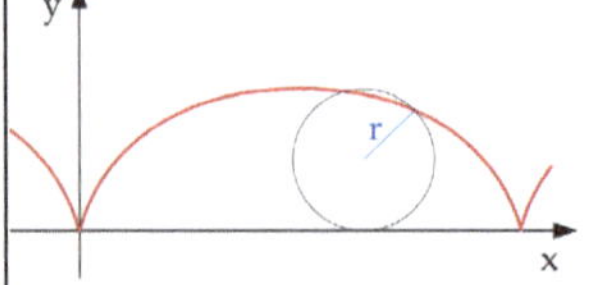

$$\begin{cases} x = r\left(t - \sin t\right) \\ y = r\left(1 - \cos t\right) \end{cases}$$

Coordenadas polares

En $\mathbb{R}^2$, las coordenadas polares (r, θ) definen un punto mediante su distancia al origen (r) y el ángulo antihorario en radianes (θ) respecto al semieje positivo de abscisas

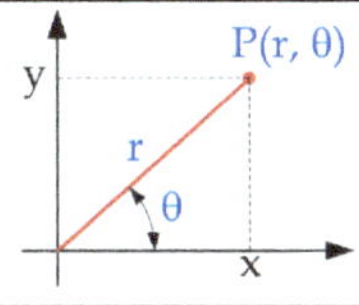

Cambio de coordenadas

De polares a rectangulares:	De rectangulares a polares:
$x = r\cos\theta$ $y = r\,\mathrm{sen}\,\theta$	$r = \sqrt{x^2 + y^2}$ $\theta = \arctan\dfrac{y}{x}$

¡Ojo al cuadrante! En la calculadora, $\arctan(\theta)$ solo devuelve ángulos en el 1º y 4º cuadrante, (de $-\pi/2$ a $\pi/2$). Se debe sumar π (180°) al resultado cuando x < 0.

Curvas polares típicas

Son gráficas definidas por ecuaciones de la forma:

$$r = f(\theta)$$

Circunferencia:	Espiral de Arquímedes:
$r = a$ 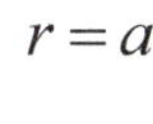 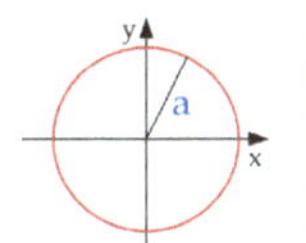	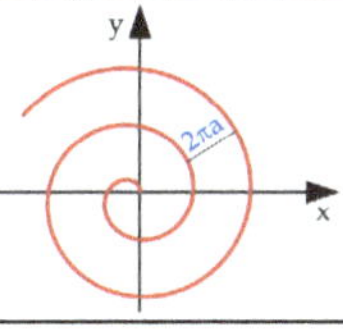 $r = a\theta$

Caracol de Pascal y cardioide: con ecuación en la forma:

$$r = a \pm b\cos\theta \quad \text{or} \quad r = a \pm b\sin\theta \quad (a>0, b>0)$$

- **Caracol con lazo interior:** (a < b). Pasa por el polo dos veces, creando un pequeño lazo en su interior.
- **Cardioide:** (a = b). Toca el polo una única vez. Forma un punto afilado en el polo
- **Caracol achatado o convexo:** (a > b). No pasa por el polo y no tiene un lazo interno

$$r = 1 + 2\cos\theta \quad r = 2 + 2\cos\theta \quad r = 3 + 2\cos\theta$$

Rosa polar: de ecuación:

$$r = a\cos(k\theta) \quad \text{or} \quad r = a\sin(k\theta) \quad (k \geq 2\,\text{integer})$$

La constante **a** determina la longitud de cada pétalo. El número de pétalos depende del entero **k**:

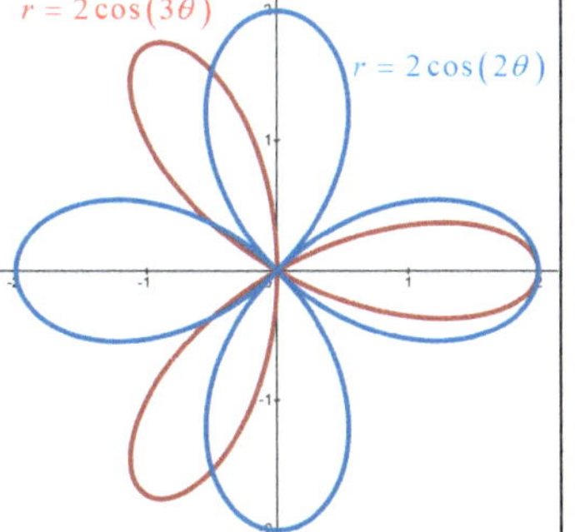

- **Si k es impar:** la rosa tiene k pétalos. Se completa en el intervalo $0 \leq \theta \leq \pi$
- **Si k es par:** la rosa tiene 2k pétalos. Se completa en el intervalo $0 \leq \theta \leq 2\pi$

Aplicaciones de curvas polares

Primera derivada en polares: Sabiendo que x = r·cosθ e y = r·sinθ, aplicamos la regla del producto

$$\frac{dy}{dx} = \frac{dy/d\theta}{dx/d\theta} = \frac{r'\sin\theta + r\cos\theta}{r'\cos\theta - r\sin\theta}$$

Ejemplo: hallar la derivada de la función $r = 2\cos\theta$
Aplicamos $x = r\cos\theta$, $y = r\,\mathrm{sen}\,\theta$:

$$x = 2\cos^2\theta \qquad y = 2\cos\theta\sin\theta = \sin(2\theta)$$

Calculamos:

$$\frac{dx}{d\theta} = -4\sin\theta\cos\theta = -2\sin(2\theta) \qquad \frac{dy}{d\theta} = 2\cos(2\theta)$$

Entonces:

$$\frac{dy}{dx} = \frac{2\cos(2\theta)}{-2\sin(2\theta)} = -\cot(2\theta)$$

Area de una region polar: El área barrida por un radio vector entre dos angulos:

$$A = \frac{1}{2}\int_{\alpha}^{\beta} r^2\, d\theta$$

Ej.: halla área de un pétalo de la función $r = 2\cos(3\theta)$
Encontramos los ángulos donde el radio se hace 0:

$$r = 2\cos(3\theta) = 0 \implies 3\theta = \frac{\pi}{2} + k\pi \implies \theta = \frac{\pi}{6} + \frac{k\pi}{3}$$

Obtenemos:

$$\theta = \frac{\pi}{6}, \frac{\pi}{2}, \frac{5\pi}{6}, \frac{7\pi}{6}, \frac{3\pi}{2}, \frac{11\pi}{6}$$

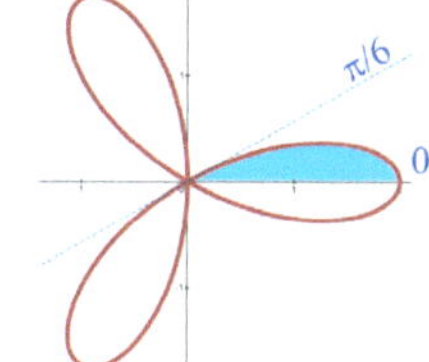

Hallamos el área desde 0 hasta $\pi/6$ rad, que es la mitad del pétalo, y el área buscada será el doble:

$$A = 2 \cdot \frac{1}{2}\int_{0}^{\frac{\pi}{2}} \left(2\cos(3\theta)\right)^2 d\theta = \frac{\pi}{3}$$

Area entre dos curvas polares:

$$A = \frac{1}{2}\int_{\alpha}^{\beta} \left(r_{outer}^2 - r_{inner}^2\right) d\theta$$

Ej.: Halla el área de la región que se encuentra en el interior de la circunferencia $r = 3\sin\theta$ **y en el exterior de la cardioide** $r = 1 + \sin\theta$:

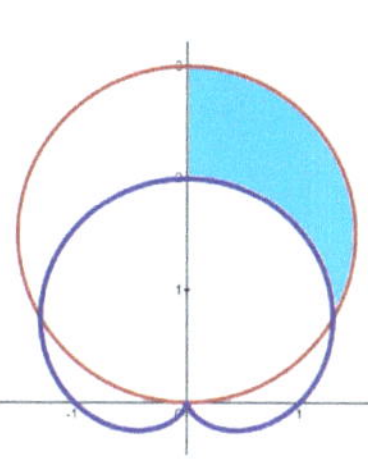

Podemos utilizar la simetría del las gráficas. Encontramos los ángulos de corte en el primer cuadrante igualando las ecuaciones:

$$3\sin\theta = 1 + \sin\theta \implies \theta = \frac{\pi}{6}$$

Podemos hallar el área entre las curvas desde $\pi/6$ rad hasta $\pi/2$, y el área pedida será el doble:

$$A = 2 \cdot \frac{1}{2}\int_{\frac{\pi}{6}}^{\frac{\pi}{2}} \left[\left(3\sin\theta\right)^2 - \left(1 + \sin\theta\right)^2\right] d\theta = \pi$$

Ecuaciones diferenciales

Ecuación diferencial es una expresión que relaciona una función desconocida, y, con sus propias derivadas y', y''…

En particular una **ecuación diferencial ordinaria (EDO)** es una ecuación diferencial donde la función y depende de una única variable independiente, por ej.:

$$\frac{dy}{dx} + y = e^x \quad \text{con solución } y = f(x)$$

El **orden** de una EDO es el de la derivada de mayor orden.

Las **soluciones** de una EDO, la función $y = f(x)$, se obtienen por integración, obteniéndose:

- Una **solución general** que representa una familia de curvas en la forma $y = f(x) + C$

- Una **solución particular** $y = f(x) + C_0$ que resulta de aplicar unas condiciones iniciales a la solución general

Campo de pendientes

Es la representación gráfica de la familia de soluciones de una ecuación diferencial de primer orden de la forma:

$$y' = dy/dx = f(x, y)$$

En una cuadrícula de puntos (x,y), se evalúa la función f(x,y) y se dibuja un pequeño segmento cuya pendiente es ese valor.

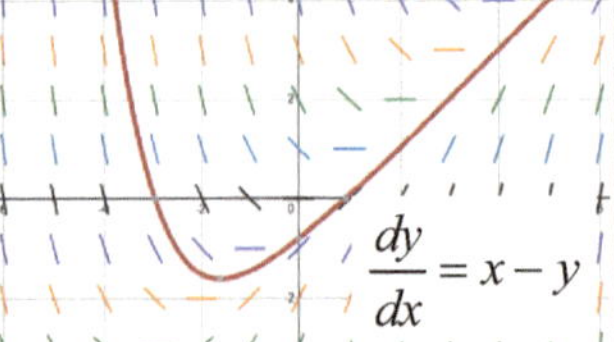

$$\frac{dy}{dx} = x - y$$

Una **solución particular** es una curva continua a través del campo, tangente a los segmentos en cada punto por el que pasa

Análisis rápido de campos: como identificar a qué ecuación diferencial pertenece un gráfico. Patrones clave:

- **Dependencia exclusiva de x:** ecuaciones del tipo $y'=f(x)$. Los segmentos en una **columna** tienen igual pendiente.
- **Dependencia exclusiva de y:** ecuaciones del tipo $y'=f(y)$. Los segmentos en una **fila** tienen igual pendiente.
- **Pendiente cero:** los puntos donde $y'=0$, los segmentos son totalmente horizontales. Identifican los máximos, mínimos o asíntotas horizontales de las curvas solución.

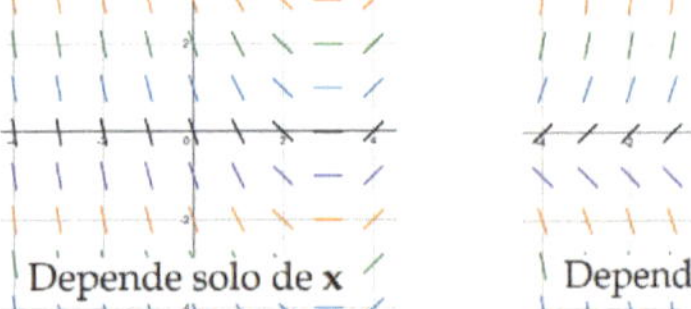

Ecuaciones diferenciales separables

Son de la forma: $y' = dy/dx = f(x) \cdot g(y)$

Resolución:

1. Separar variables: agrupar las y con dy y las x con dx.

2. Integrar ambos lados: $\displaystyle\int \frac{1}{g(y)} dy = \int f(x)\, dx$.

3. Añadir la constante $+C$ en un lado.

4. Despejar y (si es posible) y aplicar la condición inicial.

Aplicaciones

Crecimiento / Decaimiento Exponencial: se da cuando la velocidad de cambio de una cantidad y es directamente proporcional a la cantidad actual de y.

$$\frac{dy}{dt} = ky \quad \Rightarrow \quad 1)\ \frac{1}{y}dy = k \ \rightarrow\ 2)\int \frac{1}{y}dy = \int k\, dt$$

$$3)\ \ln y = k\,t + C \ \rightarrow\ y(t) = Ce^{kt}$$

$$4)\ y(0) = Ce^0 \ \rightarrow\ y(t) = y_0 e^{kt}$$

Si $k > 0$, es crecimiento; si $k < 0$, es decaimiento.

y_0 es la cantidad inicial en el instante $t=0$.

Crecimiento Logístico: modela poblaciones que crecen rápidamente al principio, pero cuyo crecimiento se frena a medida que se acercan a un límite físico por falta de recursos (espacio, alimento…).

$$\frac{dP}{dt} = kP\left(1 - \frac{P}{K}\right) \quad \text{con solución} \quad P(t) = \frac{K}{1 + Ae^{-kt}}$$

La constante A se calcula a partir de la población inicial P_0.

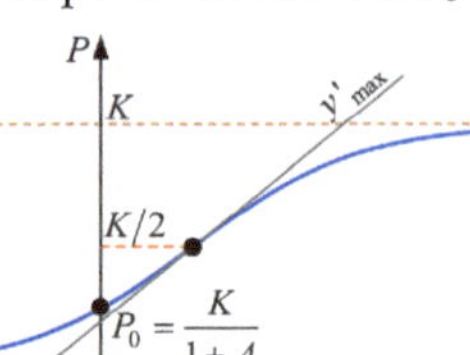

- **Capacidad de Carga (K):** límite máximo sostenible. Matemáticamente es la asíntota $y = K$.
- **Crecimiento cero:** cuando $P = 0$ o cuando $P = K$.
- **El Crecimiento Máximo:** se da cuando la población llega a la mitad $P = K/2$

Método de Euler

Método numérico para encontrar una solución particular de una ecuación diferencial.

Dada una EDO, $y' = f(x, y)$, una condición inicial (x_0, y_0) y un paso h (distancia entre puntos) aplicaremos la **Ecuación de Euler** para calcular sucesivos puntos:

$$y_{i+1} = y_i + h \cdot f(x_i, y_i)$$

Ej. Encontrar la solución de la EDO $y' = x - y$ **utilizando 10 pasos de tamaño h=0,2, con** $x_0 = 0;\ y_0 = 2$

i	x_i	y_i	$f(x_i, y_i)$
0	0	2	-2
1	0,2	1,6	-1,4
2	0,4	1,32	-0,92
3	0,6	1,136	-0,536
4	0,8	1,0288	-0,2288
5	1	0,98304	0,01696
6	1,2	0,986432	0,213568
7	1,4	1,0291456	0,3708544
8	1,6	1,10331648	0,49668352
9	1,8	1,202653184	0,597346816
10	2	1,322122547	0,677877453

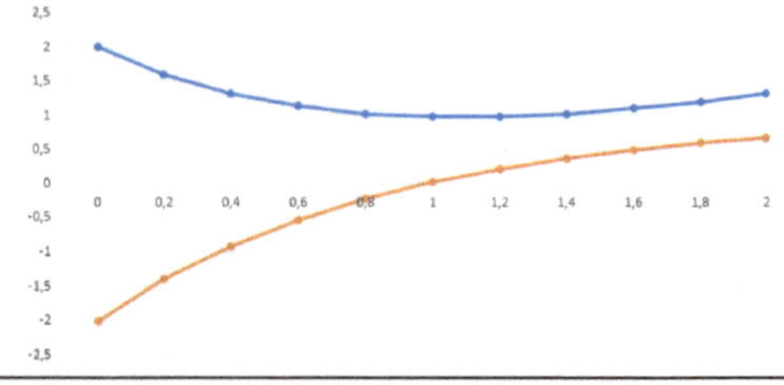

Tipos de matrices

Se denomina matriz a un conjunto de números ordenado en filas y columnas. Ejemplo:

$$A = \begin{pmatrix} 2 & 5 & 1 & -3 \\ 1 & 0 & -2 & 4 \\ 0 & 2 & 7 & -4 \end{pmatrix}$$

Matriz fila: Solo tiene una fila. Ej.: $A = \begin{pmatrix} 2 & 5 & 1 \end{pmatrix}$

Matriz columna: Solo tiene 1 columna

$$A = \begin{pmatrix} 2 \\ 1 \\ -2 \end{pmatrix}$$

Matriz cuadrada: Tiene el mismo número de filas que de columnas

$$A = \begin{pmatrix} 2 & 5 & 1 \\ 1 & 0 & -2 \\ 0 & 2 & 7 \end{pmatrix}$$

Matriz nula: Todos los elementos son 0

$$A = \begin{pmatrix} 0 & 0 & 0 \\ 0 & 0 & 0 \\ 0 & 0 & 0 \end{pmatrix}$$

Matriz triangular: Los elementos encima o debajo de su diagonal principal son 0.

$$A = \begin{pmatrix} 2 & 5 & 1 \\ 0 & 3 & -2 \\ 0 & 0 & 7 \end{pmatrix}$$

Matriz diagonal: Los elementos encima y debajo de su diagonal principal son 0. Debe ser cuadrada.

$$A = \begin{pmatrix} 2 & 0 & 0 \\ 0 & 3 & 0 \\ 0 & 0 & 7 \end{pmatrix}$$

Matriz identidad o unidad: Matriz diagonal donde todos los elementos de su diagonal principal son 1

$$A = \begin{pmatrix} 1 & 0 & 0 \\ 0 & 1 & 0 \\ 0 & 0 & 1 \end{pmatrix}$$

Matriz traspuesta: Dada una matriz A, la traspuesta es la matriz A^t que se obtiene de cambiar filas por columnas

$$A = \begin{pmatrix} 2 & 5 & 1 \\ 1 & 0 & -2 \\ 0 & 2 & 7 \end{pmatrix} \qquad A^t = \begin{pmatrix} 2 & 1 & 0 \\ 5 & 0 & 2 \\ 1 & -2 & 7 \end{pmatrix}$$

Matriz simétrica: matriz cuadrada igual a su traspuesta:

$$A = A^t$$

Rango de una matriz rg A

Se denota por **rg A**. Es el número de líneas (filas o columnas) linealmente independientes, o tambien:
Es la dimensión del mayor menor no nulo.
Para una matriz A de dimensiones m x n, su rango no puede ser mayor que la menor dimension de A

Cálculo del rango por el método de Gauss-Jordan.
En general consiste en hacer nulas el máximo número de líneas posible, aplicando transformaciones elementales, y el rango será el número de filas no nulas:
Son transformaciones elementales:
- o Multiplicar una fila por un número distinto de 0.
- o Sumar (o restar) a una fila, el múltiplo de otra fila.
- o Intercambiar el orden de las filas

Cálculo del rango por determinantes.
Consiste en buscar menores no nulos del mayor orden posible, es decir, comenzar por los menores "más grandes" de A, y vamos reduciendo el tamaño hasta encontrar uno distinto de 0

Orden o dimensión de una Matriz

El orden o dimensión de una matriz indica el número de filas y número de columnas. Se denota como m x n (m el número de filas, y n el número de columnas). Ej.:

$$A_{3x4} = \begin{pmatrix} 2 & 5 & 2 & 1 \\ 1 & 0 & 7 & -2 \\ -1 & 3 & 2 & 9 \end{pmatrix}$$

Si la matriz es cuadrada, se puede decir Matriz cuadrada de orden n, donde n es el número de filas y columnas.

Operaciones con matrices

Suma de matrices: Deben ser de la misma dimensión. Se obtiene sumando los elementos que ocupan la misma posición (suma elemento a elemento)

$$\begin{pmatrix} 1 & 3 \\ -2 & 5 \end{pmatrix} + \begin{pmatrix} -4 & 0 \\ 2 & 2 \end{pmatrix} = \begin{pmatrix} -3 & 3 \\ 0 & 7 \end{pmatrix}$$

Producto de un número real por una matriz: Se obtiene una matriz del mismo orden, en la que cada elemento está multiplicado por dicho número real.

$$5 \cdot \begin{pmatrix} 1 & 3 \\ -2 & 5 \end{pmatrix} = \begin{pmatrix} 5 & 15 \\ -10 & 25 \end{pmatrix}$$

Producto de matrices: Dos matrices A y B se pueden multiplicar si el número de columnas de A coincide con el número de filas de B. Se obtiene un matriz que tiene el mismo número de filas que A y el mismo número de columnas que B. El elemento c_{ij} de la matriz producto se obtiene multiplicando cada elemento de la fila i de la matriz A por su correspondiente elemento de la columna j de la matriz B y sumándolos. Ejemplo:

$$\begin{pmatrix} 2 & 3 \\ 4 & 0 \\ -1 & 0 \end{pmatrix} \cdot \begin{pmatrix} 4 & 1 \\ 0 & 1 \end{pmatrix} = \begin{pmatrix} 2\cdot4+3\cdot0 & 2\cdot1+3\cdot1 \\ 4\cdot4+0\cdot0 & 4\cdot1+0\cdot1 \\ -1\cdot4+0\cdot0 & -1\cdot1+0\cdot1 \end{pmatrix} = \begin{pmatrix} 8 & 5 \\ 16 & 4 \\ -4 & -1 \end{pmatrix}$$

El producto de matrices no es conmutativo:

$$A \cdot B \neq B \cdot A$$

Matriz inversa

Definición: Sea A una matriz cuadrada. La matriz inversa de A, denotada por A^{-1} cumple:

$$A \cdot A^{-1} = I$$

Siendo I la matriz identidad de la misma dimensión que A
Las matrices con inversa se denominan **regulares** o **invertibles**. En caso contrario, se denominan **singulares o degeneradas**.
Una matriz es invertible si su determinante no es nulo.

Propiedades de matriz inversa.

$$\left(A \cdot B\right)^{-1} = B^{-1} \cdot A^{-1} \qquad \left(A^{-1}\right)^{-1} = A$$

$$\left(k \cdot A\right)^{-1} = k^{-1} \cdot A^{-1} = \frac{1}{k}A^{-1} \qquad \left(A^t\right)^{-1} = \left(A^{-1}\right)^t$$

$$\left|A^{-1}\right| = \frac{1}{|A|}$$

Determinante de una matriz cuadrada

A toda matriz cuadrada se le asocia un número real que se llama su determinante, y se denota por $\det A = |A|$

Determinante de matriz 2 x 2 $\quad \begin{vmatrix} 1 & 3 \\ 2 & 4 \end{vmatrix} = (1\cdot 4)-(3\cdot 2)=-2$

Determinante de una matriz 3 x 3:

Lo ampliamos copiando las dos primeras columnas y añadiéndolas al final. Realizamos el cálculo que se indica en la figura:

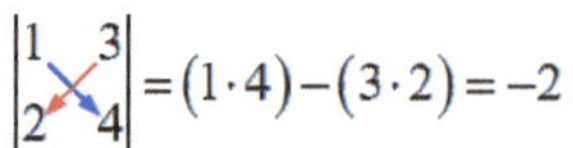

$$=(2\cdot 3\cdot 7+5\cdot 6\cdot 9+1\cdot 1\cdot 4)-(1\cdot 3\cdot 9+2\cdot 6\cdot 4+5\cdot 1\cdot 7)=206$$

Determinante de una matriz 4 x 4:

Se elige una fila o columna con el mayor número de ceros posible. Multiplicamos cada elemento por su adjunto.

Ej.: se halla el determinante por adjuntos de la 2ª columna

$$\begin{vmatrix} 1 & 0 & 3 & 3 \\ 2 & 1 & 0 & 4 \\ 0 & 2 & 1 & 1 \\ 1 & 0 & 3 & 1 \end{vmatrix} = 0+1\cdot(-1)^{2+2}\begin{vmatrix} 1 & 3 & 3 \\ 0 & 1 & 1 \\ 1 & 3 & 1 \end{vmatrix}+2\cdot(-1)^{3+2}\begin{vmatrix} 1 & 3 & 3 \\ 2 & 0 & 4 \\ 1 & 3 & 1 \end{vmatrix}+0=-26$$

Propiedades de los determinantes

- Un determinante es nulo, $|A|=0$ si:
  - Tiene dos filas, o columnas, iguales o proporcionales.
  - Todos los elementos de una fila, o columna, son 0
  - Los elementos de una fila, o columna, son combinación lineal de las otras.
- El determinante de una matriz y el de su traspuesta son iguales:

$$|A|=|A^t|$$

- Un determinante triangular es igual al producto de los elementos de la diagonal principal
- Si en un determinante se cambian entre sí dos filas, o dos columnas, su valor cambia de signo
- Si a una fila, o columna, se le suman los elementos de otra multiplicados por un número real, el valor no varía.
- Si se multiplica un determinante por un número real, queda multiplicado por dicho número cualquier fila (o cualquier columna), pero solo una.

$$2\cdot\begin{vmatrix} 1 & 3 \\ 2 & 4 \end{vmatrix}=\begin{vmatrix} 2\cdot 1 & 3 \\ 2\cdot 2 & 4 \end{vmatrix}$$

  De donde se deduce: $|k\cdot A|=k^n|A|$ Siendo n el orden del determinante

- Si todos los elementos de una fila (o columna) están formados por dos sumandos, dicho determinante se descompone en la suma de dos determinantes en los que las demás filas (o columnas) permanecen invariantes.

$$\begin{vmatrix} 1+2 & 3+4 \\ 5 & 7 \end{vmatrix}=\begin{vmatrix} 1 & 3 \\ 5 & 7 \end{vmatrix}+\begin{vmatrix} 2 & 4 \\ 5 & 7 \end{vmatrix}$$

- El producto es conmutativo: $|A|\cdot|B|=|B|\cdot|A|$
- El determinante del producto de dos matrices es igual al producto de los determinantes: $|A\cdot B|=|A|\cdot|B|$

Menor, Menor complementario y Adjunto

Se denomina **Menor** de una matriz al determinante de cualquier submatriz k x k

Se llama **Menor complementario** de un elemento a_{ij} al valor del determinante de orden n-1 que se obtiene al suprimir en la matriz la fila i y la columna j

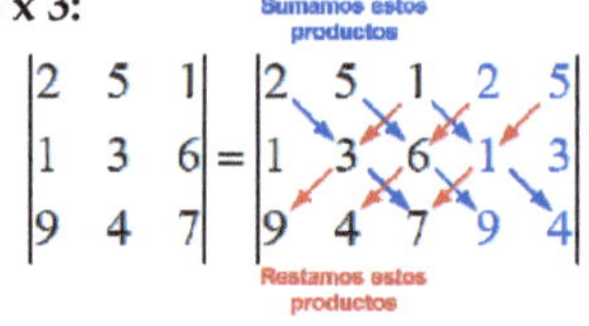

Se denomina **Adjunto** de un elemento a_{ij} de una matriz, a su menor complementario multiplicado por $(-1)^{i+j}$

Matriz adjunta

Se llama matriz adjunta, A^*, o matriz de adjuntos, a aquella en la que cada elemento se sustituye por su adjunto.

$$A^* = Adj\begin{pmatrix} 2 & 5 & 1 \\ 1 & 0 & -2 \\ 0 & 2 & 7 \end{pmatrix} = \begin{pmatrix} \begin{vmatrix} 0 & -2 \\ 2 & 7 \end{vmatrix} & -\begin{vmatrix} 1 & -2 \\ 0 & 7 \end{vmatrix} & \begin{vmatrix} 1 & 0 \\ 0 & 2 \end{vmatrix} \\ -\begin{vmatrix} 5 & 1 \\ 2 & 7 \end{vmatrix} & \begin{vmatrix} 2 & 1 \\ 0 & 7 \end{vmatrix} & -\begin{vmatrix} 2 & 5 \\ 0 & 2 \end{vmatrix} \\ \begin{vmatrix} 5 & 1 \\ 0 & -2 \end{vmatrix} & -\begin{vmatrix} 2 & 1 \\ 1 & -2 \end{vmatrix} & \begin{vmatrix} 2 & 5 \\ 1 & 0 \end{vmatrix} \end{pmatrix} = \begin{pmatrix} 4 & -7 & 2 \\ -33 & 14 & -4 \\ -10 & 5 & -5 \end{pmatrix}$$

Cálculo de la matriz inversa

<u>Cálculo por la definición de matriz inversa:</u>

$$A\cdot A^{-1}=I$$

<u>Método de Gauss</u> para el cálculo de la matriz inversa
Pasos a seguir:

- **Escribimos una matriz doble,** que contiene a la matriz A a la izquierda y la matriz identidad a la derecha.

$$\begin{pmatrix} 1 & 2 & | & 1 & 0 \\ 3 & -1 & | & 0 & 1 \end{pmatrix}$$

- **Realizamos transformaciones elementales Combinaciones lineales)** a la matriz izquierda hasta transformarla en la matriz identidad, realizando las mismas transformaciones a la derecha

$$\begin{pmatrix} 1 & 2 & | & 1 & 0 \\ 3 & -1 & | & 0 & 1 \end{pmatrix} \underset{F_2-3F_1}{\Rightarrow} \begin{pmatrix} 1 & 2 & | & 1 & 0 \\ 0 & -7 & | & -3 & 1 \end{pmatrix} \Rightarrow$$

$$\underset{7F_1+2F_2}{\Rightarrow} \begin{pmatrix} 7 & 0 & | & 1 & 2 \\ 0 & -7 & | & -3 & 1 \end{pmatrix} \underset{-1/7\,F_2}{\overset{1/7\,F_1}{\Rightarrow}} \begin{pmatrix} 1 & 0 & | & 1/7 & 2/7 \\ 0 & 1 & | & 3/7 & -1/7 \end{pmatrix}$$

La matriz obtenida a la derecha es la inversa buscada

<u>Cálculo por la matriz adjunta:</u>

$$A^{-1}=\frac{\left(A^*\right)^t}{|A|}$$

<u>Inversa de la Matriz 2 x 2</u> La matriz de 2 x 2 tiene una inversa fácil de recordar según la fórmula siguiente:

$$A=\begin{pmatrix} a & b \\ c & d \end{pmatrix} \Rightarrow A^{-1}=\frac{1}{|A|}\begin{pmatrix} d & -b \\ -c & a \end{pmatrix}$$

Expresión matricial de un sistema

Un sistema de ecuaciones se puede representar en forma matricial. Ej.: Sea el sistema de ecuaciones;

$$\begin{cases} a_{11}x & +a_{12}y & +a_{13}z & = & b_1 \\ a_{21}x & +a_{22}y & +a_{23}z & = & b_2 \\ a_{31}x & +a_{32}y & +a_{33}z & = & b_3 \end{cases} \qquad \begin{cases} 2x & -5y & +3z & = & 4 \\ x & -2y & +z & = & 3 \\ 5x & +y & +7z & = & 11 \end{cases}$$

Su expresión matricial será:

$$\begin{pmatrix} a_{11} & a_{12} & a_{13} \\ a_{21} & a_{22} & a_{23} \\ a_{31} & a_{32} & a_{33} \end{pmatrix} \cdot \begin{pmatrix} x \\ y \\ z \end{pmatrix} = \begin{pmatrix} b_1 \\ b_2 \\ b_3 \end{pmatrix} \qquad \begin{pmatrix} 2 & -5 & 3 \\ 1 & -2 & 1 \\ 5 & 1 & 7 \end{pmatrix} \cdot \begin{pmatrix} x \\ y \\ z \end{pmatrix} = \begin{pmatrix} 4 \\ 3 \\ 11 \end{pmatrix}$$

$$A \cdot X = B$$

La matriz cuadrada de la izquierda, A, representa los coeficientes de las incógnitas. La matriz columna X es la matriz de incógnitas, y la matriz B de la derecha representa los términos independientes.

Para estudiar un sistema se utilizan las matrices siguientes:

Matriz de coeficientes: matriz de los coeficientes de las incógnitas:

$$A = \begin{pmatrix} 2 & -5 & 3 \\ 1 & -2 & 1 \\ 5 & 1 & 7 \end{pmatrix}$$

Matriz ampliada: matriz A ampliada con la columna de términos independientes:

$$A^* = \begin{pmatrix} 2 & -5 & 3 & 4 \\ 1 & -2 & 1 & 3 \\ 5 & 1 & 7 & 11 \end{pmatrix}$$

Discusión de un sistema de ecuaciones
Teorema de Rouché-Frobenius

Un **sistema** de ecuaciones se dice que es:

- **Sistema incompatible** (S.I.) cuando no tiene solución.
- **Sistema compatible determinado** (S.C.D.) cuando tiene una única solución.
- **Sistema compatible indeterminado** (S.C.I.) cuando tiene infinitas soluciones.

Teorema de Rouché-Frobenius

Sea un sistema de m ecuaciones y n incógnitas. Y sea A su matriz de coeficientes y A^* su matriz ampliada. Entonces:

- Si rgA = rgA* = n, es compatible determinado (SCD)
- Si rgA = rgA* < n, es compatible indeterminado (SCI)
- Si rgA ≠ rgA*, el sistema es incompatible (SI)

Sistemas homogéneos

Sistemas donde los términos independientes son nulos. Ej.:

$$\begin{cases} 2x & -5y & +3z & = & 0 \\ x & -2y & +z & = & 0 \\ 5x & +7y & +7z & = & 0 \end{cases}$$

Es evidente, al ser **rgA=rgA***, que un sistema homogéneo es siempre compatible.

Será determinado si **rgA = n**, de solución trivial $x = 0; \quad y = 0; \quad z = 0$ e indeterminado cuando **rgA<n.**

Resolución de sistemas de ecuaciones

Método de la matriz inversa

Si consideramos la expresión matricial de un sistema:

$$A \cdot X = B$$

En caso de que la matriz A sea regular, es decir, tiene inversa, entonces la solución del sistema es:

$$X = A^{-1} \cdot B$$

Método de Gauss

Consiste en transformar el sistema de partida en otro equivalente escalonado aplicando las siguientes **transformaciones equivalentes:**

- Multiplicar (o dividir) una ecuación por un escalar no nulo.
- Sumar a una ecuación una combinación lineal de otras.
- Eliminar una ecuación que sea combinación lineal de otras del sistema.

Ejemplo:

$$\begin{cases} 2x & -5y & +3z & = & 4 \\ x & -2y & +z & = & 3 \\ 5x & +y & +7z & = & 11 \end{cases} \qquad A^* = \begin{pmatrix} 2 & -5 & 3 & 4 \\ 1 & -2 & 1 & 3 \\ 5 & 1 & 7 & 11 \end{pmatrix}$$

Utilizando transformaciones elementales se transforma en:

$$\begin{cases} x & -2y & +z & = & 3 \\ & -y & +z & = & -2 \\ & & 13z & = & -26 \end{cases} \qquad A^* = \begin{pmatrix} 1 & -2 & 1 & 3 \\ 0 & -1 & 1 & -2 \\ 0 & 0 & 13 & -26 \end{pmatrix}$$

La última línea representa la ecuación 13z=-26

Se pueden ir resolviendo las incógnitas de abajo a arriba.

Regla de Cramer

Se dice que un sistema lineal de ecuaciones es de Cramer si su matriz de coeficientes es cuadrada y regular, es decir, con determinante no nulo.

Sea el sistema de **2 ecuaciones y2 incógnitas**, en forma matricial siguiente:

$$A^* = \begin{pmatrix} a_{11} & a_{12} & b_1 \\ a_{21} & a_{22} & b_2 \end{pmatrix} \qquad |A| = \begin{vmatrix} a_{11} & a_{12} \\ a_{21} & a_{22} \end{vmatrix}$$

La solución del sistema se encuentra aplicando:

$$x = \frac{\begin{vmatrix} b_1 & a_{12} \\ b_2 & a_{22} \end{vmatrix}}{|A|} \qquad y = \frac{\begin{vmatrix} a_{11} & b_1 \\ a_{21} & b_2 \end{vmatrix}}{|A|}$$

Sea el sistema de **3 ecuaciones y 3 incógnitas,** en forma matricial siguiente:

$$A^* = \begin{pmatrix} a_{11} & a_{12} & a_{13} & b_1 \\ a_{21} & a_{22} & a_{23} & b_2 \\ a_{31} & a_{32} & a_{33} & b_3 \end{pmatrix} \qquad |A| = \begin{vmatrix} a_{11} & a_{12} & a_{13} \\ a_{21} & a_{22} & a_{23} \\ a_{31} & a_{32} & a_{33} \end{vmatrix}$$

La solución del sistema se encuentra aplicando:

$$x = \frac{\begin{vmatrix} b_1 & a_{12} & a_{13} \\ b_2 & a_{22} & a_{23} \\ b_3 & a_{32} & a_{33} \end{vmatrix}}{|A|} \qquad y = \frac{\begin{vmatrix} a_{11} & b_1 & a_{13} \\ a_{21} & b_2 & a_{23} \\ a_{31} & b_3 & a_{33} \end{vmatrix}}{|A|} \qquad z = \frac{\begin{vmatrix} a_{11} & a_{12} & b_1 \\ a_{21} & a_{22} & b_2 \\ a_{31} & a_{32} & b_3 \end{vmatrix}}{|A|}$$

Programación lineal

Se llama programación lineal a la formulación algebraica que pretende optimizar (maximizar o minimizar) una función lineal de varias variables, denominada **función objetivo**:

$$f(x,y)=ax+by+c$$

sujeta a restricciones, formuladas en inecuaciones lineales:

$$\begin{cases} a_1x & +b_1y & \lessgtr & c_1 \\ a_2x & +b_2y & \lessgtr & c_2 \\ \vdots & \vdots & \vdots & \vdots \\ a_nx & +b_ny & \lessgtr & c_n \end{cases}$$

La representación de la región que cumple las inecuaciones recibe el nombre de **región factible**

Teorema fundamental de la programación lineal:
Si existe una solución única que optimice la función objetivo, esta se encuentra en un punto extremo (vértice) de la región factible

Problema de programación lineal

Una industria produce queso en envases de 100 y 300 gramos, con un beneficio por envase de 0,50 € y 1,40 € respectivamente. Cada día dispone de 2400 kg de queso para envasar, aunque no puede producir más de 15000 envases pequeños. Además, el número de envases de 100 gr debe ser mayor o igual al de 300 gr. Se pide encontrar el punto de máximo beneficio.

1) Definimos las variables y la función objetivo:
  x= nº de envases de 100 gr (0,1 Kg)
  y= nº de envases de 300 gr (0,3 Kg)
  Función objetivo:

$$B(x,y)=0,5x+1,4y$$

2) Organizamos la información en una **tabla de datos**

	Nº envases	Kg. queso	Beneficio
Envases 100 gr	x	0,1 x	0,5 x
Envases 300 gr	y	0,3 y	1,4 y
Restricciones	x ≤ 15000 x ≥ y	≤ 2400	

3) Sistema de inecuaciones de las **restricciones**

$$\begin{cases} 0,1x+0,3y \le 2400 \\ x \le 15000 \\ x \ge y \end{cases}$$

4) Representar la **región factible**

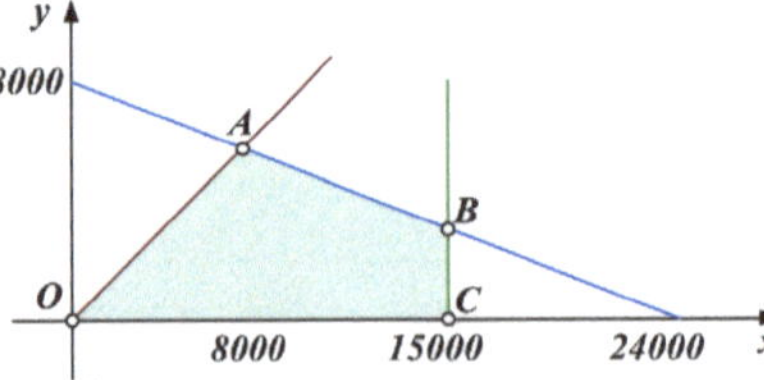

5) Encontramos los **puntos vértice**

$A = \begin{cases} 0,1x+0,3y=1500 \\ x=y \end{cases}$ $B = \begin{cases} 0,1x+0,3y=2400 \\ x=15000 \end{cases}$ $C = \begin{cases} x=15000 \\ y=0 \end{cases}$

$A = (6000,6000)$ $B = (15000,3000)$ $C = (15000,0)$

Resolución por el método algebraico

6) Aplicamos cada punto vértice en la función objetivo para encontrar el valor optimo:

$$B(6000,6000)=0,5\cdot6000+1,4\cdot6000=11400$$
$$B(15000,3000)=0,5\cdot15000+1,4\cdot3000=11700$$
$$B(15000,0)=0,5\cdot15000+1,4\cdot0=7500$$

Resolución por el método gráfico

6) Se dibujan las rectas de nivel asociadas a la función objetivo

$0,5x+1,4y=k$

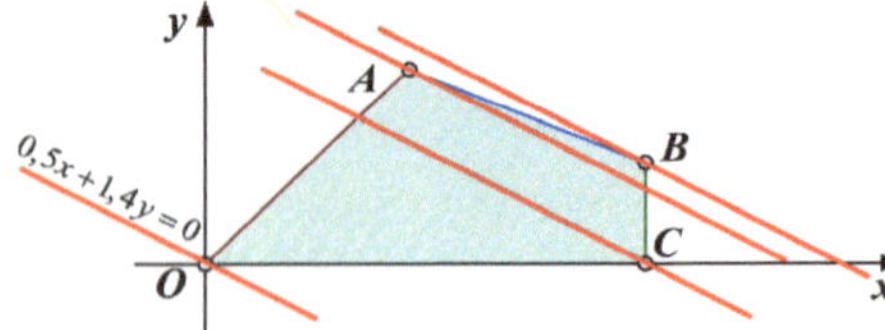

Se dibuja una recta cualquiera, por ejemplo 0,5x+1,4y=0, y se trazan paralelas hasta encontrar el vértice óptimo. Si se quiere **maximizar** será el punto que toca la recta más a la **derecha** y si se quiere **minimizar** será el punto que toca la recta más a la **izquierda**

7) Expresión del **resultado**:
El punto de fabricación óptimo es 15.000 envases de 100 gr y 3.000 envases de 300 gr, con un beneficio de 11.700 €

Problema de transporte. Planteamiento

Una fábrica de jamones tiene dos secaderos A y B que producen 50 y 80 jamones por mes. Se distribuyen a tres tiendas M, N y O cuya demanda es 35, 50 y 45 respectivamente, con coste de transporte por jamón según la tabla siguiente:

	M	N	O
Secadero A	5	6	8
Secadero B	7	4	2

Calcular la distribución para que el coste sea mínimo.
1) Las restricciones están interrelacionadas, se definen las variables arbitrariamente. Tomaremos:
  x = jamones a enviar del secadero A a la tienda M
  y = jamones a enviar del secadero A a la tienda N
2) Organizamos la información en una **tabla de datos**

	M	N	O
Demanda	35	50	45
Secadero A - 50	x	y	50-x-y
Secadero B - 80	35-x	50-y	45-(50-x-y)
Coste	5x+7(35-x)	6y+4(50-y)	8(50-x-y) + +2(x+y-5)

La **función objetivo** es la suma de todos los costes:

$$C(x,y) = 835 - 8x - 4y$$

3) Las restricciones se deducen de tener en cuenta que todas las cantidades son positivas:

$$\begin{cases} x \ge 0 \\ y \ge 0 \\ 50-x-y \ge 0 \\ 35-x \ge 0 \\ 50-y \ge 0 \\ x+y-5 \ge 0 \end{cases}$$

Vectores en $\mathbb{R}^3$

Se dice que el conjunto de vectores $\vec{u}_1, \vec{u}_2, .., \vec{u}_n$ forman una **base vectorial,** de dimensión n, que se denota por $B = \{\vec{u}_1, \vec{u}_2, ..., \vec{u}_n\}$ si se verifica:

- Los vectores $\vec{u}_1, \vec{u}_2, .., \vec{u}_n$ son linealmente independientes.
- Cualquier otro vector $\vec{v}$ se puede poner como combinación lineal de $\vec{u}_1, \vec{u}_2, .., \vec{u}_n$, es decir:

$$\vec{v} = \lambda_1 \vec{u}_1 + \lambda_2 \vec{u}_2 + ... + \lambda_n \vec{u}_n$$

Base canónica $\mathbb{R}^3$: es la base vectorial de dimensión 3 formada por los vectores unitarios:

$$B = \{(1,0,0),(0,1,0),(0,0,1)\}$$

Base ortogonal: Es una base donde sus vectores son perpendiculares entre si dos a dos

Base ortonormal: Base ortogonal de vectores unitarios.

Dados 3 vectores, u, v, w, son **linealmente independientes** si el determinante formado por los 3 vectores es **NO NULO**

$$\begin{vmatrix} u_x & u_y & u_z \\ v_x & v_y & v_z \\ w_x & w_y & w_z \end{vmatrix} \neq 0$$

Módulo de un vector: $|\vec{u}| = \sqrt{u_x^2 + u_y^2 + u_z^2}$

Vector unitario: es un vector de módulo 1

Normalización de un vector $\vec{u}$: es determinar otro vector unitario, $\vec{n}_u$ de la misma dirección que $\vec{u}$

$$\vec{n}_u = \left(\frac{u_x}{|\vec{u}|}, \frac{u_y}{|\vec{u}|}, \frac{u_z}{|\vec{u}|} \right)$$

Punto medio de un segmento:

$$M = \left(\frac{a_x + b_x}{2}, \frac{a_y + b_y}{2}, \frac{a_z + b_z}{2} \right)$$

3 puntos alineados: cumplen

$$\overrightarrow{AB} = k \cdot \overrightarrow{AC}$$

Ecuaciones de la recta en $\mathbb{R}^3$

En $\mathbb{R}^3$ se obtienen a partir de un vector director $\vec{u} = (u_x, u_y, u_z)$ y un punto $P = (x_0, y_0, z_0)$

Ec. vectorial: $(x, y, z) = (x_0, y_0, z_0) + \lambda(u_x, u_y, u_z)$

Ecuación paramétrica
$$\begin{cases} x = x_0 + \lambda u_x \\ y = y_0 + \lambda u_y \\ z = z_0 + \lambda u_z \end{cases}$$

Ecuación continua $\dfrac{x - x_0}{u_x} = \dfrac{y - y_0}{u_y} = \dfrac{z - z_0}{u_z}$

Ecuación implícita: Se pueden obtener multiplicando en cruz en dos de las igualdades de la ecuación continua
$$\begin{cases} Ax + By + Cz = D \\ A'x + B'y + C'z = D' \end{cases}$$

Producto escalar

$$\vec{u} \cdot \vec{v} = u_x v_x + u_y v_y + u_z v_z$$
o también:
$$\vec{u} \cdot \vec{v} = |\vec{u}| \cdot |\vec{v}| \cdot \cos\alpha$$

Proyección de $\vec{u}$ sobre $\vec{v}$

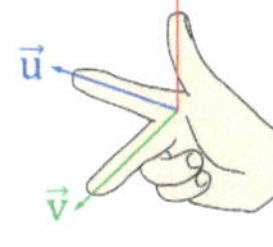

$$\text{Proy}\,\vec{u}_{\vec{v}} = \frac{\vec{u} \cdot \vec{v}}{|\vec{v}|^2}\vec{v}$$

Vectores ortogonales (o perpendiculares): $\vec{u} \cdot \vec{v} = 0$

Producto vectorial

$$\vec{u} \times \vec{v} = \begin{vmatrix} i & j & k \\ u_x & u_y & u_z \\ v_x & v_y & v_z \end{vmatrix}$$

$$|\vec{u} \times \vec{v}| = |\vec{u}| \cdot |\vec{v}| \cdot \operatorname{sen}\alpha$$

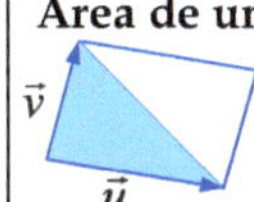

Dirección de $\vec{u} \times \vec{v}$ es **perpendicular** a $\vec{u}$ y $\vec{v}$ y sentido según la regla de la mano derecha

Área del paralelogramo

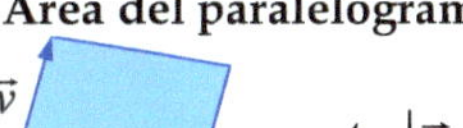

$$A = |\vec{u} \times \vec{v}|$$

Área de un triángulo

$$A = \frac{1}{2}|\vec{u} \times \vec{v}|$$

Producto mixto de 3 vectores

$$[\vec{u}, \vec{v}, \vec{w}] = \begin{vmatrix} u_x & u_y & u_z \\ v_x & v_y & v_z \\ w_x & w_y & w_z \end{vmatrix}$$

Volumen del paralelepípedo

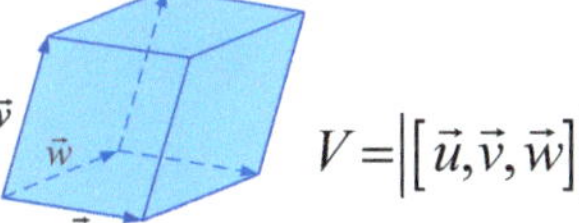

$$V = \left| [\vec{u}, \vec{v}, \vec{w}] \right|$$

Volumen del tetraedro

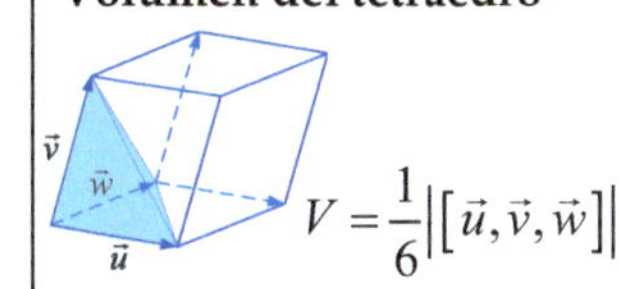

$$V = \frac{1}{6}\left| [\vec{u}, \vec{v}, \vec{w}] \right|$$

Ecuaciones del plano

Ecuación vectorial: con dos vectores directores y un punto:

$$\vec{u} = (u_x, u_y, u_z), \ \vec{v} = (v_x, v_y, v_z), \ P = (x_0, y_0, z_0)$$

$$(x, y, z) = (x_0, y_0, z_0) + \lambda(u_x, u_y, u_z) + \mu(v_x, v_y, v_z)$$

Ecuación paramétrica
$$\begin{cases} x = x_0 + \lambda u_x + \mu v_x \\ y = y_0 + \lambda u_y + \mu v_y \\ z = z_0 + \lambda u_z + \mu v_z \end{cases}$$

Ecuación implícita: con un punto y 2 vectores directores
$$\begin{vmatrix} x - x_0 & y - y_0 & z - z_0 \\ u_x & u_y & u_z \\ v_x & v_y & v_z \end{vmatrix} = Ax + By + Cz + D = 0$$

Donde $\vec{n} = (A, B, C)$ es un vector normal al plano.

Ecuación implícita: con un punto $P = (x_0, y_0, z_0)$ y un vector normal $\vec{n} = (A, B, C)$

$$A(x - x_0) + B(y - y_0) + C(z - z_0) = 0$$

Haz de planos

Secantes:
$$\lambda \left(Ax + By + Cz + D \right) + \mu \left(A'x + B'y + C'z + D' \right) = 0$$

El eje es la recta:
$$\begin{cases} Ax + By + Cz + D = 0 \\ A'x + B'y + C'z + D' = 0 \end{cases}$$

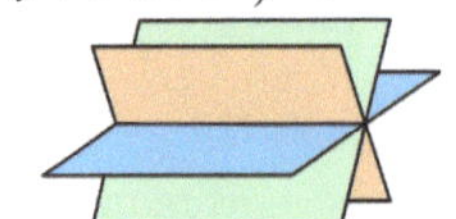

Paralelos:
$$Ax + By + Cz + \lambda = 0$$

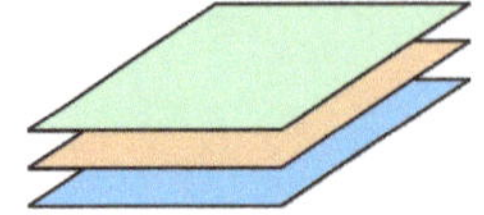

Posiciones relativas entre puntos

Punto y recta: Un punto está contenido en una recta si verifica su ecuación, si no, es exterior.

Punto y plano: Un punto está contenido en un plano si verifica su ecuación, si no, es exterior.

3 puntos A, B, C alineados: Si los vectores AB, y AC son proporcionales: $\overrightarrow{AB} = k \cdot \overrightarrow{AC}$

Cuatro puntos A, B, C, D, coplanarios: Los vectores, AB, AC y AD son linealmente dependientes, es decir el determinante formado por los 3 es nulo.

Posiciones relativas entre 2 rectas

Dada la recta r: de vector director $\vec{u}$ y punto A y la recta s: de vector director $\vec{v}$ y punto B. Sean las matrices:

$$M = \begin{pmatrix} u_x & u_y & u_z \\ v_x & v_y & v_z \end{pmatrix} \quad M^* = \begin{pmatrix} u_x & u_y & u_z \\ v_x & v_y & v_z \\ b_x - a_x & b_y - a_y & b_z - a_z \end{pmatrix}$$

- Si Rg M=Rg M*=1 son rectas coincidentes.
- Si Rg M=1 Y Rg M*=2 son rectas paralelas.
- Si Rg M=Rg M*=2 son rectas secantes.
- Si Rg M=2 y Rg M*=3 las rectas se cruzan.

Posiciones relativas entre recta y plano

Dada la recta r en forma implícita:
$$\begin{cases} A_1 x + B_1 y + C_1 z = D_1 \\ A_2 x + B_2 y + C_2 z = D_2 \end{cases}$$

Y el plano π en forma implícita:
$$A_3 x + B_3 y + C_3 z = D_3$$

Sean las matrices:

$$M = \begin{pmatrix} A_1 & B_1 & C_1 \\ A_2 & B_2 & C_2 \\ A_3 & B_3 & C_3 \end{pmatrix} \quad M^* = \begin{pmatrix} A_1 & B_1 & C_1 & D_1 \\ A_2 & B_2 & C_2 & D_2 \\ A_3 & B_3 & C_3 & D_3 \end{pmatrix}$$

- Si Rg M=Rg M*=2 la recta está contenida en el plano.
- Si Rg M=2 Y Rg M*=3 la recta es paralela al plano.
- Si Rg M=Rg M*=3 recta y plano son secantes.

Posiciones relativas entre 2 planos

Dado el plano π_1 en forma implícita:
$$A_1 x + B_1 y + C_1 z = D_1$$

Y el plano π_2 en forma implícita:
$$A_2 x + B_2 y + C_2 z = D_2$$

Sean las matrices:

$$M = \begin{pmatrix} A_1 & B_1 & C_1 \\ A_2 & B_2 & C_2 \end{pmatrix} \quad M^* = \begin{pmatrix} A_1 & B_1 & C_1 & D_1 \\ A_2 & B_2 & C_2 & D_2 \end{pmatrix}$$

- Si Rg M=Rg M*=1 Planos coincidentes.
- Si Rg M=1 Y Rg M*=2 Planos paralelos.
- Si Rg M=Rg M*=2 Planos secantes en una recta.

Posiciones relativas entre 3 planos

Dadas 3 ecuaciones generales del plano;
$$\pi_1 \equiv A_1 x + B_1 y + C_1 z = D_1$$
$$\pi_2 \equiv A_2 x + B_2 y + C_2 z = D_2$$
$$\pi_3 \equiv A_3 x + B_3 y + C_3 z = D_3$$

estudiaremos el rango de las matrices de coeficientes M y ampliada M*:

$$M = \begin{pmatrix} A_1 & B_1 & C_1 \\ A_2 & B_2 & C_2 \\ A_3 & B_3 & C_3 \end{pmatrix} \quad M^* = \begin{pmatrix} A_1 & B_1 & C_1 & D_1 \\ A_2 & B_2 & C_2 & D_2 \\ A_3 & B_3 & C_3 & D_3 \end{pmatrix}$$

Rg M	Rg M*	Posición relativa
1	1	3 Planos **coincidentes**
1	2	**Caso 1:** 2 planos coincidentes y otro paralelo **Caso 2:** 3 planos paralelos
2	2	**Caso 1:** 2 planos coincidentes y otro secante **Caso 2:** 3 planos secantes en una recta
2	3	**Caso 1:** 2 planos paralelos y otro secante **Caso 2:** 3 planos secantes dos a dos
3	3	Planos **secantes**. Se cortan en un punto

Ángulos

Entre dos rectas: Sean r y s dos rectas, $\vec{u}$ y $\vec{v}$ sus vectores

$$\widehat{rs} = \arccos \frac{|\vec{u} \cdot \vec{v}|}{|\vec{u}| \cdot |\vec{v}|}$$

Entre dos planos: π y π', y sean $\vec{n}_\pi$ y $\vec{n}_{\pi'}$ sus vectores normales.

$$\widehat{\pi\pi'} = \arccos \frac{|\vec{n}_\pi \cdot \vec{n}_{\pi'}|}{|\vec{n}_\pi| \cdot |\vec{n}_{\pi'}|}$$

Entre una recta r de vector $\vec{u}$ y un plano de vector normal $\vec{n}_\pi$:

$$\widehat{r\pi} = \operatorname{arcsen} \frac{|\vec{u} \cdot \vec{n}_\pi|}{|\vec{u}| \cdot |\vec{n}_\pi|}$$

Distancias

De un punto a una recta: Sean un punto P y una recta r de vector $\vec{u}$ y A un punto cualquiera de la recta.

$$d(P,r) = \frac{|\overrightarrow{AP} \times \vec{u}|}{|\vec{u}|}$$

De un punto $P(x_0, y_0, z_0)$ a un plano π en forma implícita.

$$d(P,\pi) = \frac{|Ax_0 + By_0 + Cz_0 + D|}{\sqrt{A^2 + B^2 + C^2}}$$

Entre dos rectas paralelas: Será la distancia de un punto cualquiera de una de ellas a la otra recta

Entre dos planos paralelos: dados en forma implícita

$$d(\pi,\pi') = \frac{|D - D'|}{\sqrt{A^2 + B^2 + C^2}}$$

De una recta a un plano paralelo: Será la distancia de un punto cualquiera de la recta al plano

Entre dos rectas r y s que se cruzan: Sean $\vec{u}$ y $\vec{v}$ los vectores y A y B los puntos de r y s respectivamente

$$d(r,s) = \frac{\left|\left[\overrightarrow{AB}, \vec{u}, \vec{v}\right]\right|}{|\vec{u} \times \vec{v}|}$$

Plano y recta ortogonales

Hallar la recta r, perpendicular al plano π, que pase por el punto exterior $P = (x_0, y_0, z_0)$:

Sea el plano $\pi \equiv Ax + By + Cz + D = 0$
Se cumple que el vector normal del plano, $\vec{n}$ y el vector de la recta $\vec{u}$ son el mismo:
$\vec{u} = \vec{n} = (A, B, C)$
La ecuación paramétrica de la recta será:

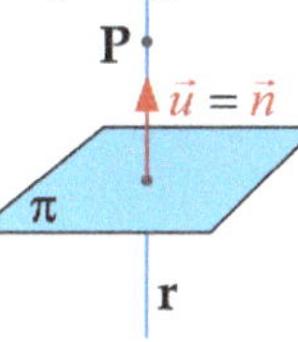

$$\begin{cases} x = x_0 + \lambda A \\ y = y_0 + \lambda B \\ z = z_0 + \lambda C \end{cases}$$

Hallar el plano π, perpendicular a la recta r, que pase por $P = (x_0, y_0, z_0)$:

Es el problema contrario al anterior. Obtenemos el vector director de la recta $\vec{u} = (A, B, C)$.

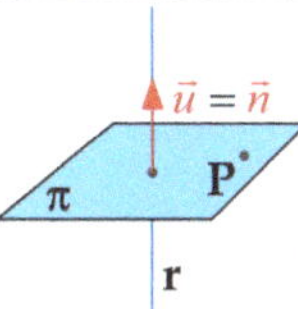

Puesto que el vector normal del plano, $\vec{n}$ y el vector de la recta $\vec{u}$ son iguales, el plano que buscamos es:

$$\pi \equiv Ax + By + Cz + D = 0$$

Donde queda por determinar el término independiente D. Lo hallamos aplicando el punto $D = -(Ax_0 + By_0 + Cz_0)$

Proyecciones ortogonales

Proyección ortogonal de un punto P sobre una recta r: el punto Q buscado es la sombra que hace P sobre la recta. Método:

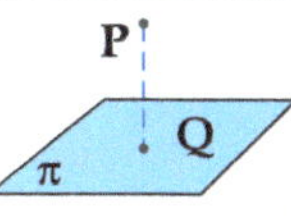

- El punto Q pertenece a la recta. Utilizando la ecuación paramétrica, Q tendrá la forma:

$$Q = \left(x_0 + \lambda u_x, y_0 + \lambda u_y, z_0 + \lambda u_z\right)$$

- Hallamos el vector $\overrightarrow{PQ}$
- El vector $\overrightarrow{PQ}$ y el vector $\vec{u}$ director de la recta son perpendiculares. Hallamos λ aplicando: $\overrightarrow{PQ} \cdot \vec{u} = 0$

Proyección ortogonal de un punto P sobre un plano π: Seguiremos el siguiente método para hallarlo:

- Hallamos la ecuación de la recta perpendicular a π que pasa por P
- El punto Q es la intersección de la recta hallada con π

Puntos simétricos

Punto simétrico de un punto P respecto a otro punto Q:
El punto simétrico $\mathbf{P'}$ que buscamos cumple:
$$\overrightarrow{PQ} = \overrightarrow{QP'}$$

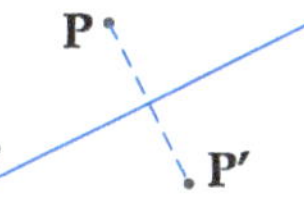

Ejemplo: Simétrico de P(3,2,-1) respecto a Q(2,4,0)
Buscamos $P' = (x, y, z)$ tal que $\overrightarrow{PQ} = \overrightarrow{QP'}$

Entonces: $(2 - 3, 4 - 2, 0 + 1) = (x - 2, y - 4, z)$

Se obtiene: $P' = (1, 6, 1)$

Punto simétrico de un punto P respecto a una recta r:

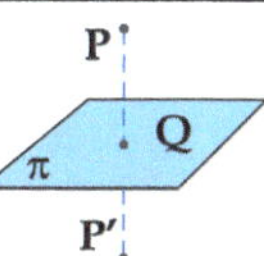

- Hallamos la proyección Q, del punto P sobre la recta r
- Hallamos el simétrico de P respecto a Q

Punto simétrico de un punto P respecto a un plano π:

- Hallamos la proyección Q, del punto P sobre el plano π
- Hallamos el simétrico de P respecto a Q

Recta que toca a otras dos

Recta perpendicular a otras dos rectas r y s que se cruzan:
Sean $\vec{u}$ y $\vec{v}$ los vectores y A y B los puntos de r y s

- Hallamos un vector perpendicular común: $\vec{w} = \vec{u} \times \vec{v}$
- Hallamos el plano π_1, perpendicular a **r**, con $\vec{u}, \vec{w}, A$
- Hallamos el plano π_2, perpendicular a **s**, con $\vec{v}, \vec{w}, B$
- La recta buscada es la intersección π_1 con π_2

Recta que se apoya en otras dos rectas r y s que se cruzan, y pasa por un punto P: Sean $\vec{u}$ y $\vec{v}$ los vectores y A y B los puntos de r y s. La recta buscada es la intersección de los planos siguientes:

- Plano π_1 que contiene a **r** y **P**. Se halla con $\vec{u}, \overrightarrow{AP}, A$
- Plano π_2 que contiene a **s** y **P**. Se halla con $\vec{v}, \overrightarrow{BP}, B$

Ejemplo de tabla de frecuencias con datos agrupados:

Datos de altura en cm de una muestra de 25 personas:

153, 172, 165, 176, 181, 168, 156, 164, 175, 179, 187, 150, 159, 165, 163, 174, 191, 181, 184, 175, 177, 179, 189, 161, 171

Se agrupan en intervalos de amplitud 10; [150, 160), [160, 170), [170, 180), [180, 190), [190, 200)

Tabla de frecuencias (Datos agrupados)

Intervalo (Datos agrupados)	x_i M.C.	f_i	F_i	fr_i	Fr_i	$x_i \cdot f_i$	$x_i^2 \cdot f_i$	$\|x_i - \overline{x}\| \cdot f_i$
$[150, 160)$	155	4	4	16%	16%	620	96100	68,8
$[160, 170)$	165	6	10	24%	40%	990	163350	43,2
$[170, 180)$	175	9	19	36%	76%	1575	275625	25,2
$[180, 190)$	185	5	24	20%	96%	925	171125	64
$[190, 200)$	195	1	25	4%	100%	195	38025	22,8
		$\sum f_i = N = 25$				$\sum x_i \cdot f_i = 4305$	$\sum x_i^2 \cdot f_i$	$\sum \|x_i - \overline{x}\| \cdot f_i$

- L_i : **límite inferior** del intervalo considerado.
- L_s: **límite superior** del intervalo considerado.
- **Marca de clase**, o valor representativo del intervalo, es la media aritmética del intervalo $M.C. = x_i = \dfrac{L_i + L_s}{2}$
- **Frecuencia absoluta** f_i : Número de veces que se repite un dato .
- **Frecuencia total** $\sum f_i = N$: Número total de datos. Es igual a la suma de todas las frecuencias absolutas.
- **Frecuencia acumulada** F_i : Suma de frecuencia absoluta del dato i mas las frecuencias absolutas de los datos anteriores .
- **Frecuencia relativa** fr_i : Cociente entre la frecuencia absoluta del dato i y el número total de datos .
- **Frecuencia acumulada relativa** Fr_i : Suma de la frecuencia relativa del dato i con las frecuencias relativas de todos los datos anteriores .

Medidas de centralización

Media	Moda Es el dato que más se repite		Mediana Es el valor que ocupa la posición central de la lista ordenada	
	Datos sin agrupar	Datos agrupados	Datos sin agrupar	Datos agrupados
$\overline{x} = \dfrac{\sum x_i \cdot f_i}{N} =$ $= 172,2$	Se toma el valor con mayor frecuencia absoluta	Sobre el intervalo modal (de mayor frecuencia absoluta) $Mo = L_i + c \cdot \dfrac{D_1}{D_1 + D_2}$	Si N impar: $Me = x_{\frac{N+1}{2}}$ Si N es par,: $Me = \dfrac{x_{\frac{N}{2}} + x_{\frac{N}{2}+1}}{2}$	Sobre el intervalo mediano (aquel donde $F_i \geq N/2$) $Me = L_i + c \cdot \dfrac{\frac{N}{2} - F_{i-1}}{f_i}$

- L_i : **Límite inferior** del intervalo (modal o mediano).
- c : **Amplitud** del intervalo (Diferencia entre el valor superior e inferior).
- $D_1 = f_i - f_{i-1}$: Diferencia entre la frecuencia absoluta del intervalo modal y del intervalo anterior.
- $D_2 = f_i - f_{i+1}$: Diferencia entre la frecuencia absoluta del intervalo modal y del intervalo posterior.
- $x_{\frac{N+1}{2}}$: Valor en la posición $\dfrac{N+1}{2}$ / $x_{\frac{N}{2}}$: Valor en la posición $\dfrac{N}{2}$ / $x_{\frac{N}{2}+1}$: Valor en la posición $\dfrac{N}{2}+1$
- F_i : Frecuencia absoluta acumulada del intervalo mediano.
- F_{i-1} : Frecuencia absoluta acumulada del intervalo anterior al mediano.
- f_i : Frecuencia absoluta del intervalo mediano.

Cuantiles

Son valores de variable estadística que dividen a la distribución en intervalos con igual número de datos cada uno de ellos

- **Cuartiles**. Son tres valores (Q1 , Q2 , Q3) que determinan las posiciones correspondientes al 25%, al 50% y al 75% de los datos, dividiendo la distribución en cuatro subconjuntos con el 25% de los datos cada uno de ellos. La diferencia entre los cuartiles superior e inferior se llama rango intercuartílico.
- **Quintiles**. Son cuatro valores(K1 , K2 , K3 , K4) que determinan las posiciones correspondientes al 20%, 40%, 60%, y 80% de los datos, dividiendo la distribución en cinco subconjuntos con el 20% de los datos cada uno de ellos
- **Deciles**. Son nueve valores (D1 , D2 ,..., D9) que corresponden al 10%, 20%,..., y 90% de los datos. Dividen a la distribución en diez subconjuntos con el 10% de los datos cada uno de ellos.
- **Percentiles** (o **centiles**). Son noventa y nueve valores (P1 , P2 , ..., P99) que dan el valor de la posición correspondiente a cualquier porcentaje. Dividen a la distribución en cien subconjuntos.

Datos sin agrupar	Datos agrupados	
Se busca el primer valor que cumpla: $$F_i \geq k \cdot \frac{N}{n}$$	Se busca el intervalo donde se encuentra el cuantil deseado, y sobre este intervalo se hace una interpolación mediante la expresión $$Cuantil_k = L_i + c \cdot \frac{k \cdot \dfrac{N}{n} - F_{i-1}}{f_i}$$	• **n** : indica el tipo de cuantil; ○ Para cuartiles n = 4 ○ para quintiles n = 5 ○ para deciles n = 10 ○ para percentiles n = 100 • **k** : Especifica el cuantil buscado • **N** : Tamaño de la muestra • L_i : Límite inferior del intervalo • c : Amplitud del intervalo • F_i : Frecuencia absoluta acumulada del intervalo • f_i : Frecuencia absoluta del intervalo

Ejemplos de cuantiles:

1º Cuartil: Se divide la distribución en 4 tramos y se coge el 1º $$Q_1 = L_i + c \cdot \frac{1 \cdot \dfrac{N}{4} - F_{i-1}}{f_i}$$	**2º Cuartil**: Corresponde a la mediana $$Q_2 = L_i + c \cdot \frac{2 \dfrac{N}{4} - F_{i-1}}{f_i}$$	**7º Decil**: Corresponde al 70% de los datos de la distribución $$D_7 = L_i + c \cdot \frac{7 \dfrac{N}{10} - F_{i-1}}{f_i}$$	**2º Quintil**: Se divide la distribución en 5 tramos y se coge el 2 $$K_2 = L_i + c \cdot \frac{2 \dfrac{N}{5} - F_{i-1}}{f_i}$$	Percentil **35**: Valor en la posición 35% de la distribución $$P_{35} = L_i + c \cdot \frac{35 \dfrac{N}{100} - F_{i-1}}{f_i}$$

Medidas de dispersión

Rango	Desviación media respecto a la media	Varianza	Desviación típica	Coeficiente de variación
$x_{max} - x_{min}$	$D_{\bar{x}} = \dfrac{\sum \lvert x_i - \bar{x} \rvert \cdot f_i}{N}$	$\sigma^2 = \dfrac{\sum x_i^2 \cdot f_i}{N} - \bar{x}^2$	$\sigma = \sqrt{\dfrac{\sum x_i^2 \cdot f_i}{N} - \bar{x}^2}$	$C.V = \dfrac{\sigma}{\bar{x}}$

Diagramas

Gráfico de barras	Polígono de frecuencias	Gráfico de cajas y bigotes
Se representan los intervalos en el eje de abscisas con barras de igual ancho. La frecuencia se representa en el eje de ordenadas.	Es similar al anterior. Se representan los puntos, y se unen con segmentos Es útil para mostrar la tendencia de la variable estudiada.	Estos gráficos sintetizan la información de una distribución partiéndola en cuatro partes. Los puntos de división son los cuatro cuartiles. **Ejemplo**: Sea un conjunto de datos cuyos cuartiles son; Q1=15, Q2=35, Q3=40. El mayor y menor dato son 10 y 50 respectivamente.

Distribuciones bidimensionales

Son aquellas en las que se estudian dos variables de cada elemento de la población: por ejemplo peso y altura, denotándose como un par de valores (x_i, y_i).

Ejemplo: Sea la siguiente distribución de peso y estatura de una población de 10 jugadores de baloncesto:

Estatura (x)	186	189	190	192	193	193	198	201	203	205
Peso (y)	85	85	86	90	87	91	93	103	100	101

Nube de puntos

Es la representación en el plano x-y de los puntos de la distribución. Da una idea de la relación entre las dos variables

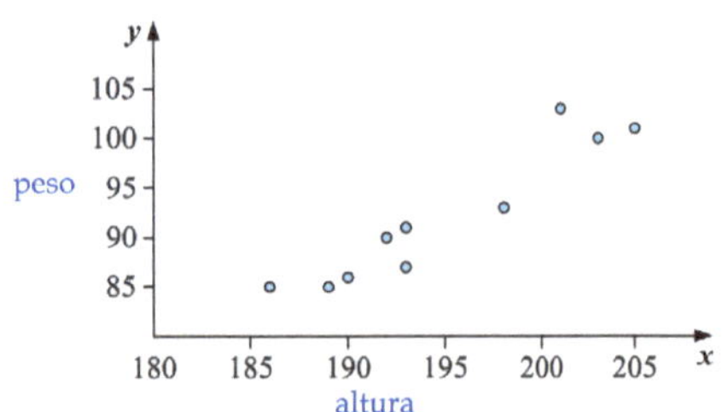

Cuadro de frecuencias

x_i	y_i	f_i	$x_i \cdot f_i$	$y_i \cdot f_i$	$x_i^2 \cdot f_i$	$y_i^2 \cdot f_i$	$x_i\, y_i \cdot f_i$
186	85	1	186	85	34596	7225	15810
189	85	1	189	85	35721	7225	16065
190	86	1	190	86	36100	7396	16340
192	90	1	192	90	36864	8100	17280
193	87	1	193	87	37249	7569	16791
193	91	1	193	91	37249	8281	17563
198	93	1	198	93	39204	8649	18414
201	103	1	201	103	40401	10609	20703
203	100	1	203	100	41209	10000	20300
205	101	1	205	101	42025	10201	20705
$\sum$ 1950	921	N=10	1950	921	380618	85255	179971

Siendo f_i el número de veces que se repite cada dato. En el ejemplo todos los datos son únicos.

Correlación

Indica la dependencia de una variable con la otra.

- **Fuerte:** las dos variables están muy relacionadas. En la nube de puntos, los puntos están alineados.
- **Débil:** no hay relación apreciable entre las variables. La nube de puntos es dispersa.
- **Directa**: cuando una variable crece, la otra también lo hace. La pendiente de la línea de correlación es positiva.
- **Inversa**: al aumentar una variable, disminuye la otra. La pendiente de la recta de correlación es negativa.

Coeficiente de correlación de Pearson, r

Mide numéricamente el valor de la correlación entre las dos variables. Toma un valor entre [-1, 1]. Ver cuadro de la fórmula para calcularlo

- **Si** $r \approx \pm 1$ correlación funcional (perfecta) .
- **Si r cercano a ± 1** correlación fuerte.
- **Si r cercano a 0** correlación débil.

Parámetros estadísticos

Medias marginales:

$$\overline{x} = \frac{\sum x_i \cdot f_i}{N} \qquad \overline{y} = \frac{\sum y_i \cdot f_i}{N}$$

En nuestro ejemplo $\overline{x} = 195$, $\overline{y} = 92{,}1$

El punto $(\overline{x}, \overline{y})$ se llama centro medio

Varianzas marginales:

$$\sigma_x^2 = \frac{\sum x_i^2 \cdot f_i}{N} - \overline{x}^2 \qquad \sigma_y^2 = \frac{\sum y_i^2 \cdot f_i}{N} - \overline{y}^2$$

En nuestro ejemplo $\sigma_x^2 = 36{,}8$, $\sigma_y^2 = 43{,}09$

Desviaciones típicas marginales: valor positivo de la raíz cuadrada de las varianzas marginales:

$$\sigma_x = +\sqrt{\sigma_x^2} \qquad \sigma_y = +\sqrt{\sigma_y^2}$$

Covarianza

$$\sigma_{xy} = \frac{\sum x_i \cdot y_i \cdot f_i}{N} - \overline{x} \cdot \overline{y}$$

Coeficiente de correlación:

$$r = \frac{\sigma_{xy}}{\sigma_x \cdot \sigma_y}$$

- Si **r > 0**, la correlación es **directa.**
- Si **r < 0**, la correlación es **inversa.**

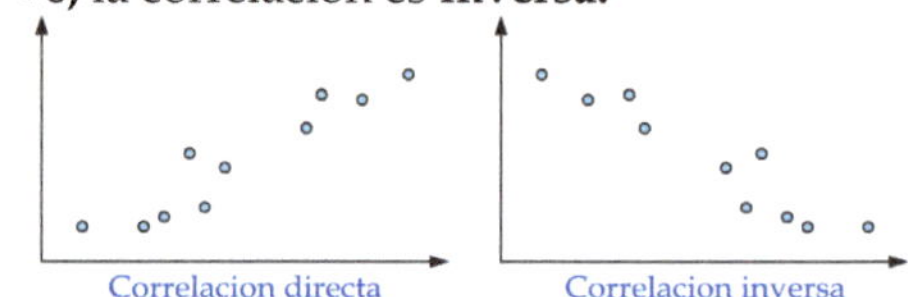

Rectas de regresión

Es la recta que mejor se ajusta a la nube de puntos, pasando por el centro medio $(\overline{x}, \overline{y})$. Hay dos rectas de regresión: de **y sobre x**, y de **x sobre y**:

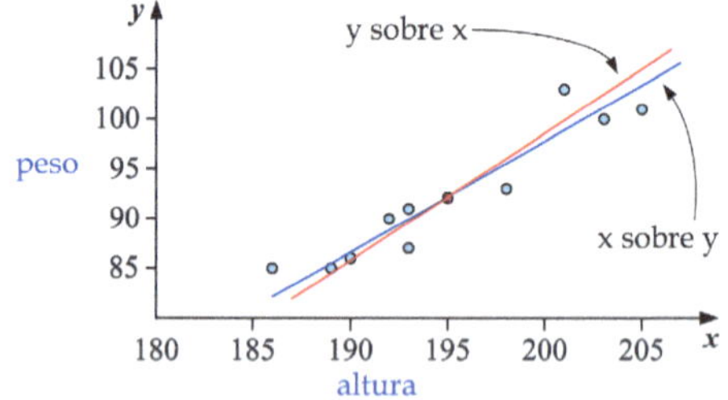

De Y sobre X:

$$y - \overline{y} = \frac{\sigma_{xy}}{\sigma_x^2}(x - \overline{x})$$

De X sobre Y:

$$x - \overline{x} = \frac{\sigma_{xy}}{\sigma_y^2}(y - \overline{y})$$

Permutaciones

Es el número de formas diferentes en que podemos ordenar los elementos de un conjunto. Se calcula por:

$$P_n = n!$$

Se lee **permutaciones de n elementos**.

Ejemplo:

Calcular el número de palabras, con o sin significado, que se pueden formar con las letras MESA.

$$P_4 = 4! = 4 \cdot 3 \cdot 2 \cdot 1 = 24$$

Permutaciones con repetición

Las formas diferentes en que se pueden ordenar n elementos, en los que uno se repite a veces, otro se repite b veces…etc.

$$PR_n^{a,b,c\ldots} = \frac{n!}{a!b!c!\ldots}$$

Ejemplo:

¿Qué número de palabras, con o sin significado, se pueden formar con las letras CARCAJADA?

El conjunto tiene 9 elementos, de los cuales la letra A se repite 4 veces y la letra C se repite 2 veces, entonces:

$$PR_9^{4,2} = \frac{9!}{4!2!} = 7560$$

Variaciones

Dado un conjunto de m elementos, el número de formas diferentes en que se pueden ordenar n elementos distintos, son **variaciones de m elementos tomados de n en n** (n ≤ m)

$$V_m^n = \frac{m!}{(m-n)!}$$

Ejemplo:

¿Cuántas palabras diferentes de 2 letras podemos formar con la letras ABETO?

$$V_5^2 = \frac{5!}{(5-2)!} = \frac{5 \cdot 4 \cdot 3 \cdot 2 \cdot 1}{3 \cdot 2 \cdot 1} = 20$$

Variaciones con repetición

Dado un conjunto de m elementos, el número de secuencias diferentes de n elementos, incluso repetidos, que se pueden formar, son las **variaciones con repetición de m elementos tomados de n en n**

$$VR_m^n = m^n$$

Ejemplo:

¿Cuántos números de 4 cifras podemos formar con las cifras 1, 2, 3?

Es un conjunto de 3 elementos. Los tomamos de 4 en 4

$$VR_3^4 = 3^4 = 81$$

Número combinatorio

Se llama número combinatorio $\begin{pmatrix} m \\ n \end{pmatrix}$, se lee *m sobre n*, a la operación

$$\begin{pmatrix} m \\ n \end{pmatrix} = \frac{m!}{n!(m-n)!}$$

Combinaciones

Dado un conjunto de m elementos, el número de subconjuntos diferentes de n elementos que podemos extraer son las **combinaciones de m elementos tomados de n en n** (n ≤ m)

$$C_m^n = \begin{pmatrix} m \\ n \end{pmatrix}$$

Ejemplo: un examen consta de 10 preguntas de las que hay que elegir 5 ¿De cuántas formas diferentes podemos elegir esas 5 preguntas?

$$C_{10}^5 = \begin{pmatrix} 10 \\ 5 \end{pmatrix} = \frac{10!}{5!(10-5)!} = 252$$

Combinaciones con repetición

Dados m tipos de elementos, el número grupos de n elementos que podemos formar incluso repetidos, son las **combinaciones con repetición de m elementos tomados de n en n**

$$CR_m^n = \begin{pmatrix} m+n-1 \\ n \end{pmatrix}$$

Ejemplo: en una pastelería hay 3 tipos de pasteles ¿De cuántas formas diferentes podemos comprar 5 pasteles?

$$CR_3^5 = \begin{pmatrix} 3+5-1 \\ 5 \end{pmatrix} = \begin{pmatrix} 7 \\ 5 \end{pmatrix} = \frac{7!}{5!(7-5)!} = 21$$

Esquema para diferenciar combinatoria

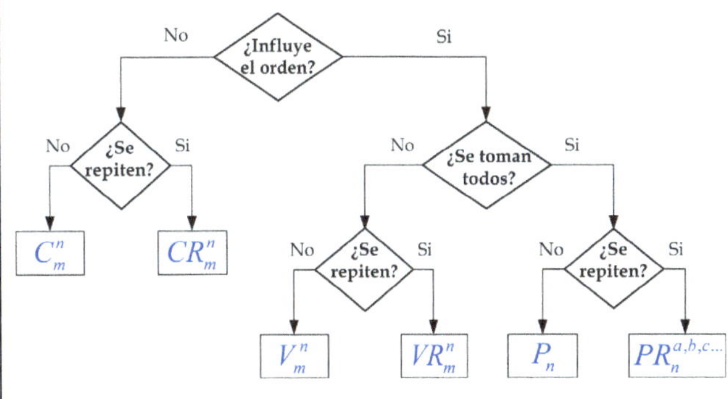

Probabilidad

Definición de probabilidad. Ley de Laplace

$$P(A) = \frac{N\acute{u}mero\ de\ casos\ favorables\ de\ A}{N\acute{u}mero\ de\ casos\ posibles}$$

Propiedades:

$$0 \le P(A) \le 1 \qquad P(E) = 1$$
$$P(\varnothing) = 0 \qquad P(\overline{A}) = 1 - P(A)$$

Probabilidad de la unión:

$$P(A \cup B) = P(A) + P(B) - P(A \cap B)$$

Probabilidad de la diferencia:

$$P(A - B) = P(A \cap \overline{B}) = P(A) - P(A \cap B)$$

Leyes de Morgan de la probabilidad:

$$P(\overline{A} \cap \overline{B}) = P(\overline{A \cup B}) = 1 - P(A \cup B)$$
$$P(\overline{A} \cup \overline{B}) = P(\overline{A \cap B}) = 1 - P(A \cap B)$$

Sucesos incompatibles: Comprobamos si dos sucesos A y B son incompatibles si verifican:

$$A \cap B = \varnothing$$
$$P(A \cup B) = P(A) + P(B)$$

Sucesos independientes: Comprobamos si dos sucesos A y B son independiente si verifican:

$$P(A \cap B) = P(A) \cdot P(B)$$

Si dos sucesos son incompatibles (no pueden ocurrir a la vez), NO pueden ser independientes.

Probabilidad condicionada:

$$P(A/B) = \frac{P(A \cap B)}{P(B)} \qquad P(B/A) = \frac{P(A \cap B)}{P(A)}$$

Teorema de la probabilidad total: Sean $(A_1, A_2,…, A_n)$ sucesos incompatibles dos a dos y cuya unión es el espacio muestral (E), entonces, la probabilidad de cualquier otro suceso B viene dada por:

$$P(B) = P(A_1) \cdot P(B/A_1) + P(A_2) \cdot P(B/A_2) + … + P(A_n) \cdot P(B/A_n)$$

Ejemplo: De 60 alumnos de bachillerato, 25 son de 1º y 35 de 2º. Un 60% de los alumnos de 1º aprueban física, y un 75% de 2º. Un alumno escogido al azar ¿Cuál es la probabilidad de que apruebe física?

Solución: Sean los sucesos:

- A_1: alumnos de primero, con P(A_1) =25/60
- A_2: alumnos de segundo, con P(A_2) =35/60
- **B:** alumnos que aprueban física y **P(B) es lo que se pide:**

$$P(B) = P(A_1) \cdot P(B/A_1) + P(A_2) \cdot P(B/A_2) \textbf{ siendo}$$

P(B/A_1) Probabilidad de que apruebe física si es de 1º (0,6)

P(B/A_2) Probabilidad de que apruebe física si es de 2º (0,75). Luego:

$$P(B) = \frac{25}{60} \cdot 0,6 + \frac{35}{60} \cdot 0,75 = 0,6875$$

Teorema de Bayes, probabilidad a posteriori: Sean $(A_1, A_2,…, A_n)$ incompatibles dos a dos y cuya unión es el espacio muestral, y sea B un suceso compatible con A_i. Entonces la probabilidad a posteriori, de que ocurra A_i habiendo ocurrido B será:

$$P(A_i/B) = \frac{P(A_i) \cdot P(B/A_i)}{P(B)}$$

Distribución Binomial

Un experimento sigue el modelo de la **distribución binomial o de Bernoulli** si:

- En cada prueba del experimento sólo son posibles dos resultados: el suceso A (éxito) y su contrario $\overline{A}$ (fracaso).
- La probabilidad de que ocurra el suceso A es constante, se representa por p.
- El resultado obtenido en cada prueba es independiente de los resultados obtenidos anteriormente.

La distribución binomial se suele representar por $B(n, p)$, donde **n es el número de pruebas.** **p** es la probabilidad de éxito, y **q** es la **probabilidad de fracaso, siendo** $q = 1 - p$.

La probabilidad de obtener **k exitos** en una binomial es:

$$P(x = k) = \binom{n}{k} p^k \cdot q^{n-k}$$

Esperanza matemática o media:
Es una medida de tendencia central que se emplea para designar mediante un solo valor a una colección de elementos y se representa por μ. Viene dada por:

$$\mu = n \cdot p$$

Desviación típica:
Es una medida de dispersión que se emplea para indicar como de cercanos de la media se encuentran los elementos de la colección y se representa por σ. En un distribución binomial viene dada por:

$$\sigma = \sqrt{n \cdot p \cdot q}$$

Aproximación de la binomial a la normal

Teorema de Moivre-Laplace:

Si X es una variable discreta que sigue una distribución binomial de parámetros n y p, $B(n,p)$ y se cumple que $n > 10$, $n \cdot p > 5$ y $n \cdot q > 5$, resulta una aproximación bastante buena suponer que la variable X se **aproxima** a la variable normal X′ de media $\mu = n \cdot p$ y desviación típica $\sigma = \sqrt{n \cdot p \cdot q}$, es decir $B(n, p) \implies N(n \cdot p, \sqrt{n \cdot p \cdot q})$

Para calcular probabilidades con la aproximación a la Normal hemos de tener en cuenta que la binomial es discreta y la normal continua, por lo que introducimos un ajuste en el cálculo llamado **Corrección de Yates:**

$$P(X = a) = P(a - 0,5 \le X' \le a + 0,5)$$
$$P(X \le a) = P(X' \le a + 0,5) \qquad P(X \ge a) = P(X' \ge a - 0,5)$$
$$P(X < a) = P(X' \le a - 0,5) \qquad P(X > a) = P(X' \ge a + 0,5)$$

Propiedades de la distribución Normal

Una variable aleatoria continua, **X**, que sigue una distribución normal de media **µ** y desviación típica **σ**, y se designa por **N(µ,σ),** tiene la forma:

$$f(x) = \frac{1}{\sigma\sqrt{2\pi}} e^{-\frac{1}{2}\left(\frac{x-\mu}{\sigma}\right)^2}$$

Tiene las siguientes propiedades:

- El campo de existencia o dominio es todo $\mathbb{R}$
- Es simétrica respecto a la media μ.
- Tiene un máximo en la media μ.
- Crece hasta la media μ y decrece a partir de ella.
- En los puntos $\mu - \sigma$ y $\mu + \sigma$ presenta puntos de inflexión.
- El eje de abscisas es una asíntota de la curva.
- El área encerrada por la función y el eje de abscisas es igual a 1
- Al ser simétrica respecto al eje que pasa por x = µ, deja un área igual a 0.5 a la izquierda y otra igual a 0.5 a la derecha.
- La probabilidad equivale al área encerrada bajo la curva.
- Probabilidad de algunos intervalos:
  P(µ - σ < X ≤ µ + σ) = 0,6826 = 68,26 %
  P(µ - 2σ < X ≤ µ + 2σ) = 0,954 = 95,4 %
  P(µ - 3σ < X ≤ µ + 3σ) = 0,997 = 99,7 %

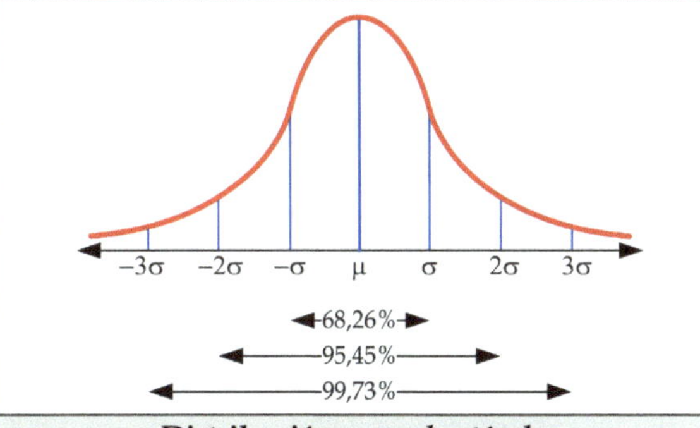

Distribución normal estándar

En una distribución de media 0 y desviación típica 1. N(0,1). Se utiliza la variable Z.

Tipificación de una distribución normal: Para poder calcular probabilidades en un distribución no estándar, N(µ, σ), de variable X, debemos transformar la variable X en otra variable que siga una distribución N(0,1). Tipificación:

$$Z = \frac{X - \mu}{\sigma}$$

Cálculo de probabilidades en distribuciones normales

Tabla Normal Estandar

z	0,00	0,01	0,02	0,03	0,04	0,05	0,06	0,07	0,08	0,09
0,0	0,5000	0,5040	0,5080	0,5120	0,5160	0,5199	0,5239	0,5279	0,5319	0,5359
0,1	0,5398	0,5438	0,5478	0,5517	0,5557	0,5596	0,5636	0,5675	0,5714	0,5753
0,2	0,5793	0,5832	0,5871	0,5910	0,5948	0,5987	0,6026	0,6064	0,6103	0,6141
0,3	0,6179	0,6217	0,6255	0,6293	0,6331	0,6368	0,6406	0,6443	0,6480	0,6517
0,4	0,6554	0,6591	0,6628	0,6664	0,6700	0,6736	0,6772	0,6808	0,6844	0,6879
0,5	0,6915	0,6950	0,6985	0,7019	0,7054	0,7088	0,7123	0,7157	0,7190	0,7224
0,6	0,7257	0,7291	0,7324	0,7357	0,7389	0,7422	0,7454	0,7486	0,7517	0,7549
0,7	0,7580	0,7611	0,7642	0,7673	0,7704	0,7734	0,7764	0,7794	0,7823	0,7852
0,8	0,7881	0,7910	0,7939	0,7967	0,7995	0,8023	0,8051	0,8078	0,8106	0,8133
0,9	0,8159	0,8186	0,8212	0,8238	0,8264	0,8289	0,8315	0,8340	0,8365	0,8389
1,0	0,8413	0,8438	0,8461	0,8485	0,8508	0,8531	0,8554	0,8577	0,8599	0,8621
1,1	0,8643	0,8665	0,8686	0,8708	0,8729	0,8749	0,8770	0,8790	0,8810	0,8830
1,2	0,8849	0,8869	0,8888	0,8907	0,8925	0,8944	0,8962	0,8980	0,8997	0,9015
1,3	0,9032	0,9049	0,9066	0,9082	0,9099	0,9115	0,9131	0,9147	0,9162	0,9177
1,4	0,9192	0,9207	0,9222	0,9236	0,9251	0,9265	0,9279	0,9292	0,9306	0,9319
1,5	0,9332	0,9345	0,9357	0,9370	0,9382	0,9394	0,9406	0,9418	0,9429	0,9441
1,6	0,9452	0,9463	0,9474	0,9484	0,9495	0,9505	0,9515	0,9525	0,9535	0,9545
1,7	0,9554	0,9564	0,9573	0,9582	0,9591	0,9599	0,9608	0,9616	0,9625	0,9633
1,8	0,9641	0,9649	0,9656	0,9664	0,9671	0,9678	0,9686	0,9693	0,9699	0,9706
1,9	0,9713	0,9719	0,9726	0,9732	0,9738	0,9744	0,9750	0,9756	0,9761	0,9767
2,0	0,9772	0,9778	0,9783	0,9788	0,9793	0,9798	0,9803	0,9808	0,9812	0,9817
2,1	0,9821	0,9826	0,9830	0,9834	0,9838	0,9842	0,9846	0,9850	0,9854	0,9857
2,2	0,9861	0,9864	0,9868	0,9871	0,9875	0,9878	0,9881	0,9884	0,9887	0,9890
2,3	0,9893	0,9896	0,9898	0,9901	0,9904	0,9906	0,9909	0,9911	0,9913	0,9916
2,4	0,9918	0,9920	0,9922	0,9925	0,9927	0,9929	0,9931	0,9932	0,9934	0,9936
2,5	0,9938	0,9940	0,9941	0,9943	0,9945	0,9946	0,9948	0,9949	0,9951	0,9952
2,6	0,9953	0,9955	0,9956	0,9957	0,9959	0,9960	0,9961	0,9962	0,9963	0,9964
2,7	0,99653	0,99664	0,99674	0,99683	0,99693	0,99702	0,99711	0,99720	0,99728	0,99736
2,8	0,99744	0,99752	0,99760	0,99767	0,99774	0,99781	0,99788	0,99795	0,99801	0,99807
2,9	0,99813	0,99819	0,99825	0,99831	0,99836	0,99841	0,99846	0,99851	0,99856	0,99861
3,0	0,99865	0,99869	0,99874	0,99878	0,99882	0,99886	0,99889	0,99893	0,99896	0,99900
3,1	0,99903	0,99906	0,99910	0,99913	0,99916	0,99918	0,99921	0,99924	0,99926	0,99929
3,2	0,99931	0,99934	0,99936	0,99938	0,99940	0,99942	0,99944	0,99946	0,99948	0,99950
3,3	0,99952	0,99953	0,99955	0,99957	0,99958	0,99960	0,99961	0,99962	0,99964	0,99965
3,4	0,99966	0,99968	0,99969	0,99970	0,99971	0,99972	0,99973	0,99974	0,99975	0,99976
3,5	0,99977	0,99978	0,99978	0,99979	0,99980	0,99981	0,99981	0,99982	0,99983	0,99983
3,6	0,99984	0,99985	0,99985	0,99986	0,99986	0,99987	0,99987	0,99988	0,99988	0,99989
3,7	0,99989	0,99990	0,99990	0,99990	0,99991	0,99991	0,99992	0,99992	0,99992	0,99992
3,8	0,99993	0,99993	0,99993	0,99994	0,99994	0,99994	0,99994	0,99995	0,99995	0,99995
3,9	0,99995	0,99995	0,99996	0,99996	0,99996	0,99996	0,99996	0,99996	0,99997	0,99997
4,0	0,99997	0,99997	0,99997	0,99997	0,99997	0,99997	0,99998	0,99998	0,99998	0,99998

Tabla Normal Estandar, N(0,1) da la probabilidad de que la variable tipificada Z sea menor o igual que k_0, $P(Z \leq k_0)$

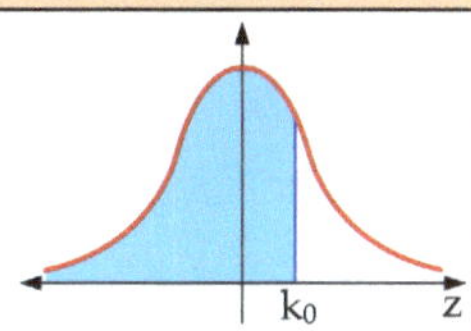

Otros casos

$$P(Z \leq -k_0) = 1 - P(Z \leq k_0)$$

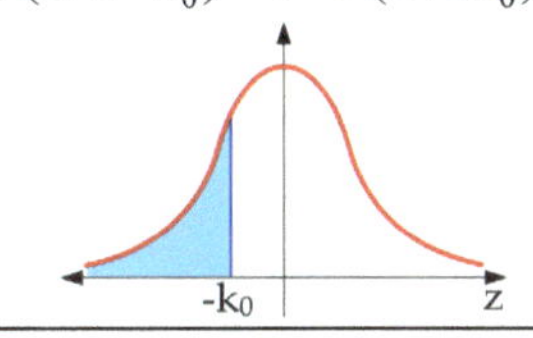

$$P(Z \geq k_0) = 1 - P(Z \leq k_0)$$

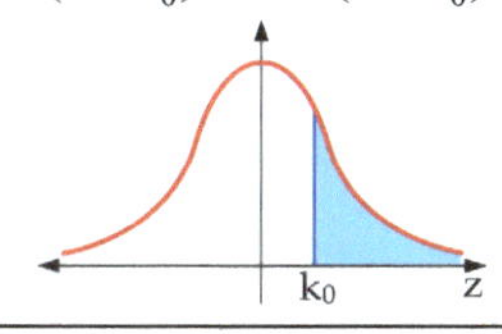

$$P(Z \geq -k_0) = P(Z \leq k_0)$$

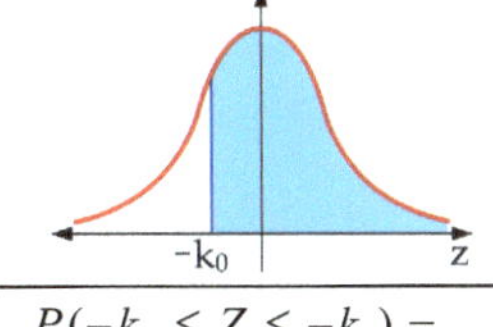

$$P(k_0 \leq Z \leq k_1) = P(Z \leq k_1) - P(Z \leq k_0)$$

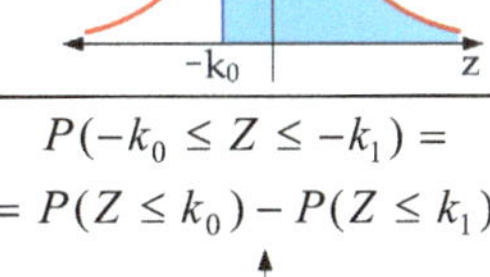

$$P(-k_0 \leq Z \leq -k_1) = P(Z \leq k_0) - P(Z \leq k_1)$$

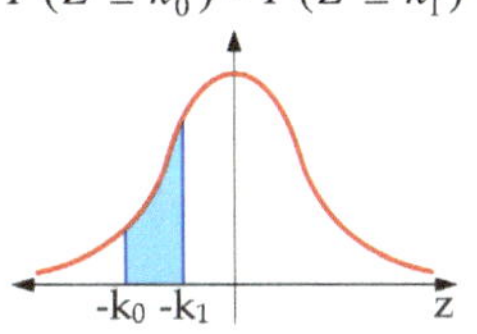

$$P(-k_0 \leq Z \leq k_1) = P(Z \leq k_1) - \left[1 - P(Z \leq k_0)\right]$$

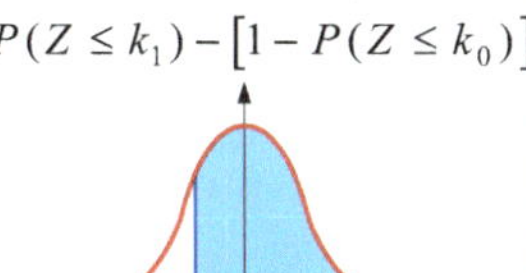

Muestreo

Conceptos

Población: conjunto de elementos sobre los que se hace un determinado estudio. Su número se designa por **N**
Muestra: cualquier subconjunto seleccionado de la población. Su número se designa por **n**
Muestreo: el método seguido para seleccionar la muestra

Muestreos probabilísticos

- **Muestreo aleatorio simple:** se numera la población del 1 al **N**, y se sortean **n** números para la muestra.
- **Muestreo aleatorio sistemático:** se elige al azar el primer número entre los k primeros y los restantes de k en k, siendo k=N/n
- **Muestreo aleatorio estratificado:** Se divide la población total en k estratos de tamaño N_1, N_2, …N_k . La muestra n se selecciona siguiendo dos criterios:
  - **Afijación uniforme:** se seleccionan el mismo número de elementos de cada estrato igual a N/k
  - **Afijación proporcional:** el número de elementos de cada estrato es proporcional a su tamaño. Es un problema de repartos proporcionales.

Ejemplo: Se quiere seleccionar una muestra de 60 personas en 3 poblaciones de tamaño 1600, 1200 y 2400 personas. Calcula el muestreo con afijación proporcional.
El tamaño total de la población es N=5200

	Pob. A	Pob. B	Pob. C
Tamaño N_i	1600	1200	2400
Fracción de pob.	4/13	3/13	6/13
Tamaño de la muestra	$\frac{4}{13}\cdot 60 = 18$	$\frac{3}{13}\cdot 60 = 14$	$\frac{6}{13}\cdot 60 = 28$

Distribución de medias muestrales

Sea una población **N** de media μ y desviación típica σ. Se toman muestras de tamaño n y media $\overline{x}$. Sea la variable $\overline{X}$ que describe la distribución de las medias muestrales:
Teorema central del límite:
La media de la variable $\overline{X}$ es igual a la media de la población μ. La desviación típica de $\overline{X}$ es $\sigma/\sqrt{n}$, entonces la distribución de medias muestrales sigue una normal

$$N\left(\mu, \frac{\sigma}{\sqrt{n}}\right)$$

Distribución de proporciones muestrales

Sea una población N binomial, con proporción **p** de cierta característica. Se toman muestras de tamaño n con proporción $\hat{p}$ de dicha característica. Sea $\overline{P}$ la variable que describe la distribución de proporciones muestrales:
Teorema central del límite:
$\overline{P}$ se aproxima a una distribución normal definida como:

$$N\left(p, \sqrt{\frac{p \cdot q}{n}}\right) \text{ para } n \geq 30$$

Estimación por intervalos de confianza

Intervalos de confianza para la media

Se trata de obtener un intervalo que incluya la media μ de cierta variable X que deseamos investigar en la población, con un nivel de confianza (1-α)
El parámetro α recibe el nombre de nivel de significación y equivale a la probabilidad o riesgo de que μ esté fuera del intervalo de confianza calculado

Intervalo de confianza para la media poblacional μ:

$$\left(\overline{x} - Z_{\frac{\alpha}{2}} \cdot \frac{\sigma}{\sqrt{n}} , \overline{x} + Z_{\frac{\alpha}{2}} \cdot \frac{\sigma}{\sqrt{n}}\right)$$

- $\overline{x}$: Media de la muestra
- σ : Desviación típica de la población
- **n:** tamaño de la muestra
- $Z_{\alpha/2}$: Valor crítico. Se obtiene de la tabla

Error máximo: cometido en la estimación será:

$$E_{max} = Z_{\frac{\alpha}{2}} \cdot \frac{\sigma}{\sqrt{n}}$$

Tamaño del intervalo $= 2 \cdot E_{max}$

El tamaño de la muestra mínimo en función del error máximo que se desee asumir es:

$$n = \left(Z_{\frac{\alpha}{2}} \cdot \frac{\sigma}{E_{max}}\right)^2$$

Intervalos de confianza para la proporción

Intervalo de confianza para proporción poblacional p:

$$\left(\hat{p} - Z_{\frac{\alpha}{2}} \cdot \sqrt{\frac{\hat{p} \cdot \hat{q}}{n}} , \ \hat{p} + Z_{\frac{\alpha}{2}} \cdot \sqrt{\frac{\hat{p} \cdot \hat{q}}{n}}\right)$$

- $\hat{p}$: proporción de la muestra. Probabilidad de éxito
- $\hat{q}$: probabilidad de fracaso $\hat{q}=1-\hat{p}$
- **n:** tamaño de la muestra
- $Z_{\alpha/2}$: Valor crítico. Se obtiene de la tabla

Error máximo: cometido en la estimación será:

$$E_{max} = Z_{\frac{\alpha}{2}} \cdot \sqrt{\frac{\hat{p} \cdot \hat{q}}{n}}$$

Tamaño del intervalo $= 2 \cdot E_{max}$

El tamaño de la muestra mínimo en función del error máximo que se desee asumir es:

$$n = \left(Z_{\frac{\alpha}{2}} \cdot \frac{\sqrt{\hat{p} \cdot \hat{q}}}{E_{max}}\right)^2$$

$z_{\alpha/2}$

α	0.00	0.01	0.02	0.03	0.04	0.05	0.06	0.07	0.08	0.09
0.0	∞	2.576	2.326	2.170	2.054	1.960	1.881	1.812	1.751	1.695
0.1	1.645	1.598	1.555	1.514	1.476	1.440	1.405	1.372	1.341	1.311
0.2	1.282	1.254	1.227	1.200	1.175	1.150	1.126	1.103	1.080	1.058
0.3	1.036	1.015	0.994	0.974	0.954	0.935	0.915	0.896	0.878	0.860
0.4	0.842	0.824	0.806	0.789	0.772	0.755	0.739	0.722	0.706	0.690
0.5	0.674	0.659	0.643	0.628	0.613	0.598	0.583	0.568	0.553	0.539
0.6	0.524	0.510	0.496	0.482	0.468	0.454	0.440	0.426	0.412	0.399
0.7	0.385	0.372	0.358	0.345	0.332	0.319	0.305	0.292	0.279	0.266
0.8	0.253	0.240	0.228	0.215	0.202	0.189	0.176	0.164	0.151	0.138
0.9	0.126	0.113	0.100	0.088	0.075	0.063	0.050	0.038	0.025	0.013

Áreas de figuras planas

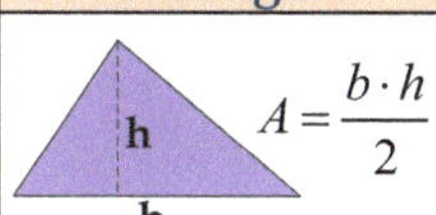

Triángulo	Triáng. equilátero	Cuadrado	Rectángulo	Rombo

Triángulo

$$A = \frac{b \cdot h}{2}$$

Triáng. equilátero

$$A = \frac{\sqrt{3}}{4} L^2$$

Cuadrado

$$A = L^2$$

Rectángulo

$$A = b \cdot h$$

Rombo

$$A = \frac{D \cdot d}{2}$$

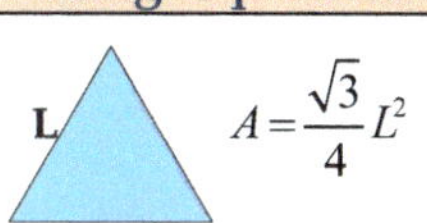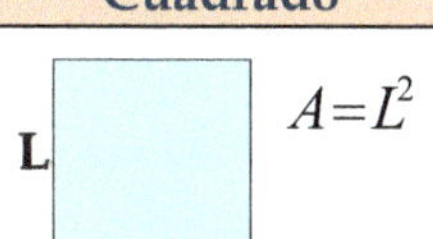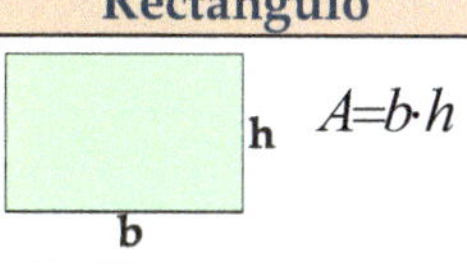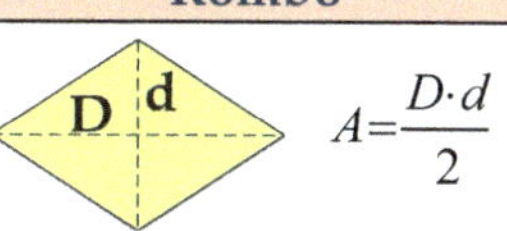

Trapecio

$$A = \frac{(B+b) \cdot h}{2}$$

Paralelogramo

$$A = b \cdot h$$

Hexágono

$$A = \frac{3\sqrt{3}}{2} L^2$$

Polígono regular

$$A = \frac{perim. \cdot ap}{2}$$

Círculo

$$A = \pi \cdot R^2$$

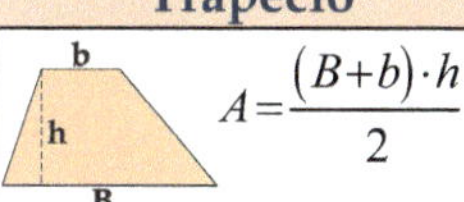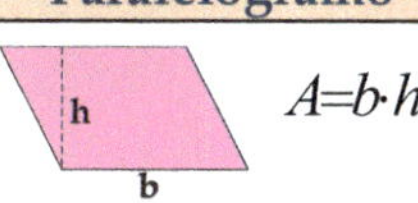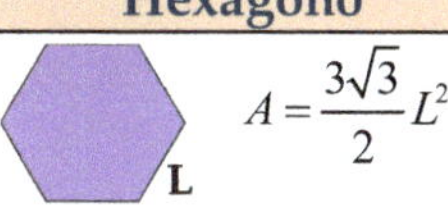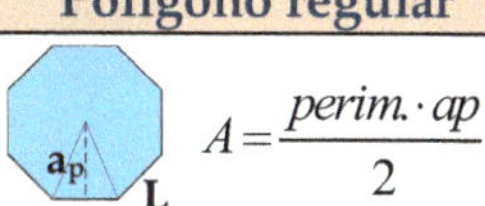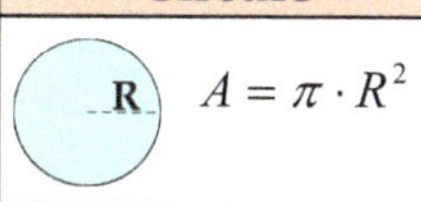

Corona circular

$$A = \pi \cdot \left(R^2 - r^2\right)$$

Sector circular

$$A = \frac{\pi \cdot R^2 \cdot \alpha}{360} \text{ (grad.)}$$

$$A = \frac{R^2 \cdot \alpha}{2} \text{ (rad.)}$$

Segmento circular

$$A = \frac{R^2}{2}\left(\frac{\pi \cdot \alpha}{180} - \operatorname{sen}\alpha\right) \text{ (grad.)}$$

$$A = \frac{R^2(\alpha - \operatorname{sen}\alpha)}{2} \text{ (rad)}$$

Trapecio circular

$$A = \frac{\pi \cdot (R^2 - r^2) \cdot \alpha}{360} \text{ (grad.)}$$

$$A = \frac{(R^2 - r^2) \cdot \alpha}{2} \text{ (rad)}$$

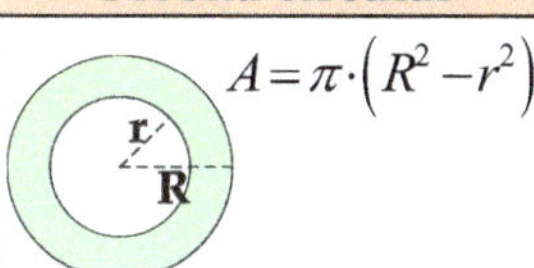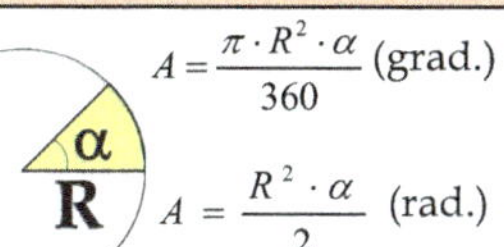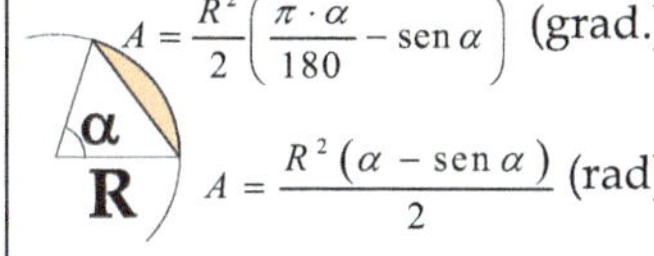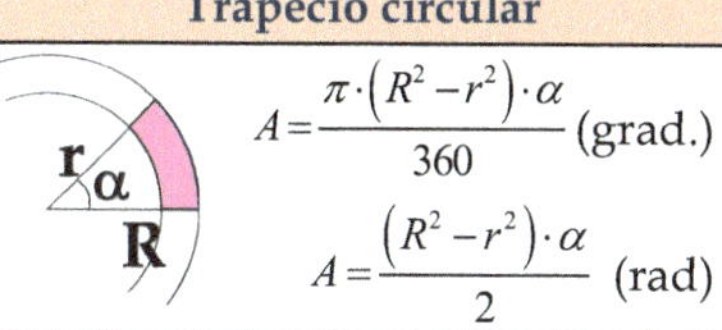

Áreas y volúmenes de cuerpos geométricos

Cubo

$$A = 6L^2$$
$$V = L^3$$

Ortoedro

$$A = 2ab + 2ac + 2bc$$
$$V = a \cdot b \cdot c$$

Esfera

$$A = 4 \cdot \pi \cdot r^2$$
$$V = \frac{4}{3}\pi \cdot r^3$$

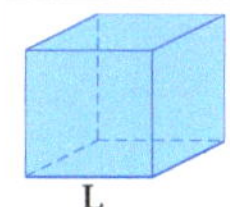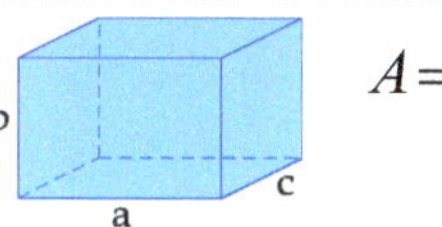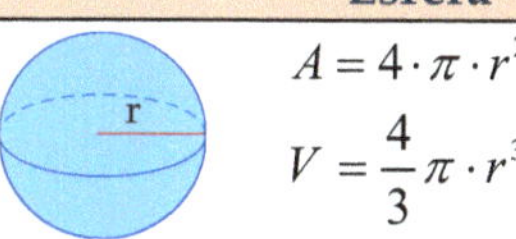

Cilindro

$$A_L = 2 \cdot \pi \cdot r \cdot h$$
$$A_T = 2 \cdot \pi \cdot r \cdot (h + r)$$
$$V = \pi \cdot r^2 \cdot h$$

Cono

$$A_L = \pi \cdot r \cdot g$$
$$A_T = \pi \cdot r \cdot (g + r)$$
$$V = \frac{1}{3}\pi \cdot r^2 \cdot h$$

Prisma

$$A_L = p \cdot h$$
$$A_T = p \cdot (h + ap)$$
$$V = \frac{1}{2} p \cdot ap \cdot h$$

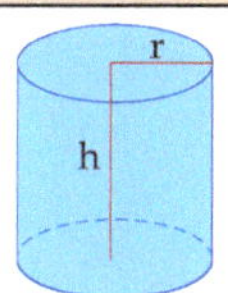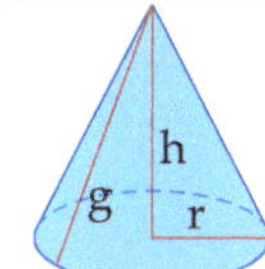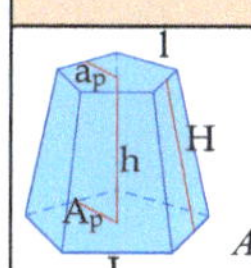

Pirámide

$$A_L = \frac{1}{2} p \cdot Ap$$
$$A_T = \frac{1}{2} p \cdot (Ap + ap)$$
$$V = \frac{1}{3} A_{base} \cdot h$$

Tronco de cono

$$A_L = \pi \cdot g \cdot (R + r)$$
$$A_T = \pi \cdot \left(R^2 + r^2 + g \cdot (R + r)\right)$$
$$V = \frac{1}{3}\pi \cdot h \cdot \left(R^2 + r^2 + R \cdot r\right)$$

Tronco de pirámide

$$A_L = \frac{1}{2}(P + p) \cdot H$$
$$A_T = \frac{H \cdot (P + p) + P \cdot Ap + p \cdot ap}{2}$$
$$V = \frac{h}{6}\left(P \cdot Ap + p \cdot ap + \sqrt{P \cdot Ap \cdot p \cdot ap}\right)$$

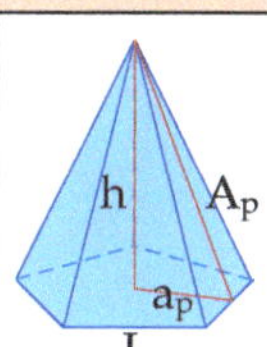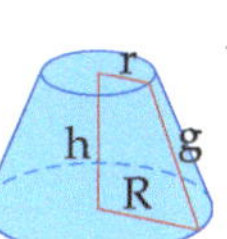

Casquete esférico

$$A_L = 2 \cdot \pi \cdot R \cdot h$$
$$V = \frac{\pi \cdot h^2}{3} \cdot (3R - h)$$
$$V = \frac{\pi \cdot h}{6}\left(3r^2 + h^2\right)$$

Segmento esférico

$$A_L = 2 \cdot \pi \cdot R \cdot h$$
$$V = \frac{\pi \cdot h}{6}\left(h^2 + 3r_1^2 + 3r_2^2\right)$$

Huso o cuña esférica

$$A_L = 2 \cdot R^2 \cdot \alpha\,(rad) \quad A_L = \frac{\pi \cdot R^2 \cdot \alpha}{90}(°)$$
$$V = \frac{2}{3}R^3 \cdot \alpha \text{ (rad)}$$
$$V = \frac{\pi \cdot R^3 \cdot \alpha}{270} \text{ (grad)}$$

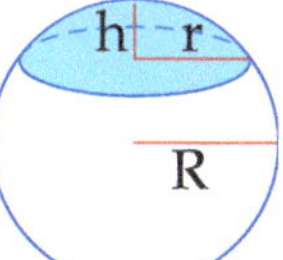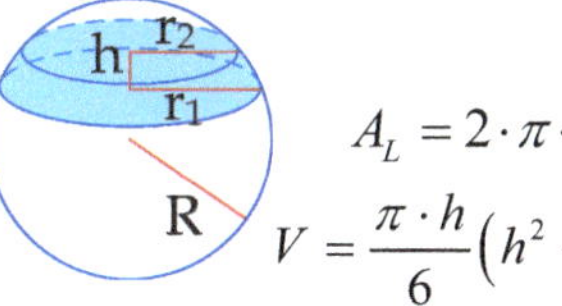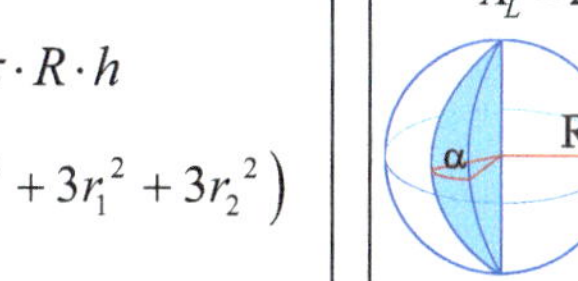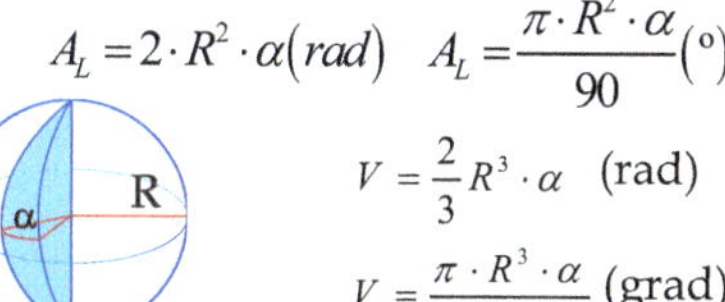

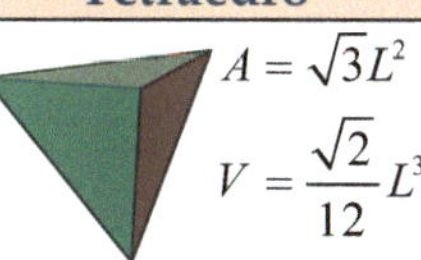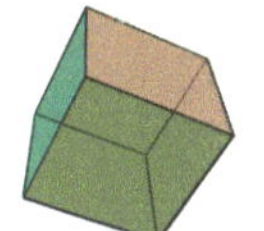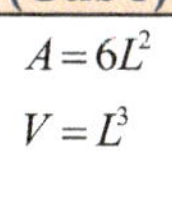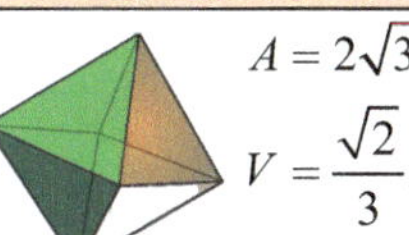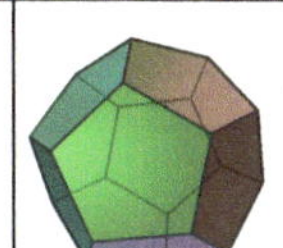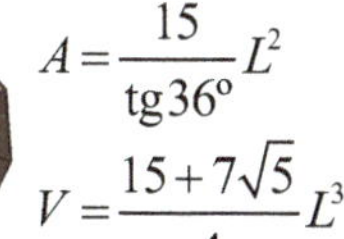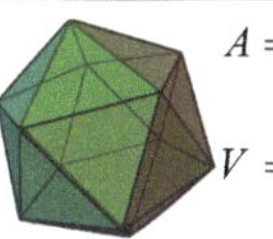

Tetraedro

$$A = \sqrt{3}L^2$$
$$V = \frac{\sqrt{2}}{12}L^3$$

Hexaedro (Cubo)

$$A = 6L^2$$
$$V = L^3$$

Octaedro

$$A = 2\sqrt{3}L^2$$
$$V = \frac{\sqrt{2}}{3}L^3$$

Dodecaedro

$$A = \frac{15}{tg\,36°}L^2$$
$$V = \frac{15 + 7\sqrt{5}}{4}L^3$$

Icosaedro

$$A = 5\sqrt{3}L^2$$
$$V = \frac{5(3 + \sqrt{5})}{12}L^3$$

www.ingramcontent.com/pod-product-compliance
Lightning Source LLC
Chambersburg PA
CBHW040049240726
48664CB00004B/1117